LES DESSERTS

Entremets

MARTINE LIZAMBARD

LES DESSERTS
Entremets

Photographe : NICOLAS LESER
Styliste : ULRIKE SKADOW

ÉDITIONS
FRANCE
LOISIRS

Desserts rapides et faciles

Desserts de Mamie

Desserts de Mamie

Pour les amoureux des desserts traditionnels, ou plus simplement pour ceux qui veulent retrouver le goût de leur enfance, voici œufs à la neige, crème caramel, flans et gâteaux de riz, puddings et gâteaux de semoule. Ces douceurs au parfum d'antan, toujours économiques, raviront autant les petits que les grands.

Flan vanillé

Préparation : 30 min
Infusion : 15 min
Cuisson : 30-35 min

Pour 6 personnes

Pour la pâte brisée :

150 g de beurre mou
+ un peu pour le moule

250 g de farine + un peu pour le plan de travail

½ c. à c. de sel

2 c. à s. de sucre en poudre (facultatif)

4 à 5 c. à s. d'eau très froide (ou de lait)

Pour la garniture :

3 œufs

120 g de sucre en poudre

60 cl de lait

15 cl de crème liquide

1 gousse de vanille

60 g de farine

Préparez la garniture. Faites bouillir le lait dans une casserole avec la gousse de vanille fendue en deux dans la longueur. Ôtez du feu, couvrez et laissez infuser 15 min. Retirez la gousse de vanille et grattez les graines avec la pointe d'un couteau.

Pendant l'infusion, préparez la pâte brisée (voir page 156). Beurrez un moule rectangulaire à bord haut de 26 × 20 cm. Sur le plan de travail fariné, étalez la pâte au rouleau en un rectangle légèrement plus grand que le moule. Garnissez-en le moule et placez au réfrigérateur le temps de poursuivre la préparation de la garniture.

Préchauffez le four à 210 °C (th. 7). Chauffez de nouveau le lait avec la moitié du sucre, en remuant jusqu'à complète dissolution de ce dernier.

Dans un saladier, battez les œufs en omelette avec le reste de sucre et la farine. Versez le lait chaud dessus, sans cesser de fouetter, puis reversez le tout dans la casserole et faites épaissir 5 à 10 min à feu moyen, en remuant. Ôtez la crème du feu et versez-la sur le fond de pâte.

Enfournez pour 30 à 35 min : le flan doit être bien pris. S'il n'est pas assez doré, passez-le quelques instants sous le gril du four chaud. Laissez refroidir avant de servir.

Flan aux poires charentais

Préparation : 30 min
Cuisson : 50 min-1 h

Pour 6 personnes

Pour la pâte brisée :

150 g de beurre mou
+ un peu pour le moule

250 g de farine + un peu pour le plan de travail

½ c. à c. de sel

2 c. à s. de sucre en poudre (facultatif)

4 à 5 c. à s. d'eau très froide (ou de lait)

Pour la garniture :

500 g de poires fermes (williams)

50 cl de lait

200 g de sucre en poudre

2 œufs

60 g de farine

Préparez la pâte brisée (voir page 156). Beurrez et farinez un moule à tarte à bord haut ou une tourtière de 24 cm de diamètre. Sur le plan de travail fariné, étalez la pâte au rouleau en un disque de diamètre légèrement supérieur à celui du moule et de 3 mm d'épaisseur environ. Garnissez-en le moule et placez au réfrigérateur le temps de préparer la garniture.

Dans une grande casserole, faites bouillir 50 cl d'eau avec 100 g de sucre jusqu'à obtention d'un sirop.

Lavez et pelez les poires. Coupez-les en deux et évidez-les. Faites-les cuire 10 à 15 min dans le sirop, à petits frémissements, jusqu'à ce que la chair soit tendre mais encore ferme. Égouttez-les à l'aide d'une écumoire et épongez-les sur du papier absorbant.

Portez le lait à ébullition dans une autre casserole. Dans un saladier, fouettez les œufs avec le reste de sucre et la farine. Délayez avec une partie du lait bouillant, puis reversez dans la casserole et mélangez au reste de lait. Faites épaissir 5 à 10 min à petits frémissements, sans cesser de remuer, puis ôtez du feu.

Préchauffez le four à 200 °C (th. 6-7). Étalez les deux tiers de la crème sur le fond de pâte, puis coupez les demi-poires en lamelles épaisses et disposez-les sur la crème en les reconstituant. Recouvrez-les du reste de crème et enfournez pour 40 à 45 min. Laissez le flan tiédir, puis démoulez-le et servez sans attendre.

Astuce

Vous pouvez aussi utiliser des poires au sirop.
Dans ce cas, égouttez-les et épongez-les directement.

Petites crèmes vanille, café et caramel

Préparation : 20 min
Cuisson : 25-35 min

Pour 4 personnes
(4 × 3 crèmes)

1 litre de lait

12 jaunes d'œuf

100 g de sucre en poudre

1 c. à s. de Maïzena

70 g de chocolat noir
à 70 % de cacao

1 c. à s. d'extrait de café

1 c. à s. de caramel liquide

Préchauffez le four à 160 °C (th. 5-6).

Portez le lait à ébullition dans une casserole. Dans un saladier, fouettez les jaunes d'œuf avec le sucre et la Maïzena. Délayez avec le lait bouillant, en remuant jusqu'à obtention d'une crème lisse. Répartissez-la également dans trois jattes.

Cassez le chocolat en morceaux dans une jatte et faites-le fondre au bain-marie à feu doux.

Incorporez l'extrait de café au premier tiers de crème, le caramel liquide au deuxième tiers et le chocolat fondu au troisième. Versez les crèmes aromatisées dans des petits pots ou des ramequins.

Placez les petits pots (ou les ramequins) dans un bain-marie et enfournez pour 25 à 35 min : la surface des crèmes doit être juste ferme sous la pression.

Sortez les crèmes du four et laissez-les refroidir avant de les placer au réfrigérateur, jusqu'au moment de servir.

Conseil

Ne remplissez pas trop les récipients (la crème va gonfler) et, pour le bain-marie, versez l'eau (bouillante) jusqu'à mi-hauteur de ceux-ci.

Île flottante aux pralines roses

Préparation : 30 min
Cuisson : 20-30 min

Pour 6 personnes

6 blancs d'œuf

1 pincée de sel

100 g de pralines roses pour parsemer

Pour le caramel :

100 g de sucre en poudre

3 c. à s. d'eau

Pour la crème anglaise :

50 cl de lait

6 jaunes d'œuf

80 g de sucre en poudre

½ gousse de vanille

Préparez la crème anglaise (voir page 157) et versez-la dans une jolie coupe. Laissez-la refroidir et placez-la au réfrigérateur le temps de poursuivre la recette.

Préchauffez le four à 150 °C (th. 5).

Préparez le caramel. Dans une petite casserole, chauffez le sucre à petits bouillons avec l'eau jusqu'à ce qu'il prenne une belle couleur dorée. Arrêtez la cuisson en plongeant le fond de la casserole dans un récipient d'eau froide. Versez le caramel dans un moule à manqué de 24 cm de diamètre et inclinez celui-ci en tous sens pour bien en recouvrir le fond et les bords.

Battez les blancs d'œuf en neige ferme avec le sel. Remplissez-en le moule caramélisé, lissez la surface à la spatule, puis placez-le dans un bain-marie. Enfournez pour 20 à 30 min : la surface doit à peine dorer.

Laissez l'île flottante tiédir un peu, puis démoulez-la et posez-la sur la crème anglaise. Parsemez-la des pralines et remettez-la au frais. Sortez-la du réfrigérateur 1 h avant, pour qu'elle soit à température ambiante.

Astuce

Vous pouvez cuire les blancs en neige dans des petits moules à bord haut et servir vos mini-îles flottantes dans des coupelles individuelles.

Œufs à la neige coco

Préparation : 30 min
Cuisson : 30 secondes

Pour 4 personnes

4 blancs d'œuf

2 c. à s. de sucre glace

1 pincée de sel

2 c. à s. de noix de coco râpée pour servir

Pour la crème :

4 jaunes d'œuf

30 cl de lait de coco

15 cl de lait

50 g de sucre en poudre

1 c. à c. de Maïzena

Préparez la crème. Portez le lait de coco et le lait à ébullition dans une casserole. Dans un saladier, fouettez les jaunes avec le sucre en poudre jusqu'à ce que le mélange blanchisse. Délayez avec le lait bouillant, puis reversez le tout dans la casserole et faites épaissir 5 à 10 min à feu très doux, en remuant et en veillant à ne pas atteindre l'ébullition. Quand la crème nappe la cuillère, versez-la dans une large coupe, laissez-la refroidir et placez-la au réfrigérateur.

Battez les blancs d'œuf en neige ferme avec le sel, en ajoutant le sucre glace, cuillerée par cuillerée, quand ils commencent à être bien pris.

Portez une grande casserole d'eau à ébullition, puis baissez le feu pour la maintenir juste frémissante. Formez des boules de blancs en neige entre deux cuillères à soupe humides et déposez-les sur l'eau frémissante. Laissez-les cuire 15 secondes, puis retournez-les avec une écumoire et faites cuire l'autre côté jusqu'à ce que les boules soient bien gonflées. Prélevez-les au fur et à mesure à l'écumoire et mettez-les à refroidir sur du papier absorbant.

Disposez les boules sur la crème coco refroidie et replacez le tout au réfrigérateur. Saupoudrez de la noix de coco râpée au moment de servir.

Crèmes brûlées

Préparation : 15 min
Infusion : 30 min
Repos : 1 h
Cuisson : 35-45 min

Pour 6 crèmes

35 cl de lait

35 cl de crème liquide

8 jaunes d'œuf

100 g de sucre en poudre

6 c. à s. de cassonade

2 gousses de vanille

Portez le lait et la crème à ébullition dans une casserole, avec les gousses de vanille fendues en deux dans la longueur. Ôtez du feu, couvrez et laissez infuser 30 min. Retirez les gousses de vanille et grattez les graines avec la pointe d'un couteau.

Dans un saladier, fouettez légèrement les jaunes d'œuf avec le sucre, puis délayez avec le lait vanillé. Ôtez délicatement la mousse qui se forme à la surface avec une écumoire, filtrez le mélange à travers une passoire fine et laissez reposer 1 h au réfrigérateur.

Préchauffez le four à 120 °C (th. 4). Répartissez la préparation dans 6 ramequins et enfournez pour 35 à 45 min : la surface des crèmes doit être juste ferme sous la pression. Laissez refroidir, puis placez au réfrigérateur.

Au moment de servir, saupoudrez chaque crème de 1 cuillerée à soupe de cassonade et caramélisez la surface au chalumeau.

Astuces

Si vous ne disposez pas d'un chalumeau à pâtisserie, passez les crèmes quelques minutes sous le gril du four, en surveillant attentivement l'opération, car la chaleur peut faire fondre la préparation. La résistance doit être bien rouge quand vous glissez les crèmes dessous.

Crémets d'Anjou aux fraises

Préparation : 20 min
Égouttage : 12 h

Pour 6 personnes

500 g de fromage blanc moulé

400 g de fraises

20 cl de crème liquide très froide

2 blancs d'œuf

6 c. à s. de sucre en poudre

1 pincée de sel

Coulis de fraises pour servir

Mettez le fromage blanc dans une passoire tapissée d'une étamine et posée au-dessus d'un saladier. Placez-le au réfrigérateur et laissez-le égoutter 12 h.

Rincez les fraises, séchez-les soigneusement et équeutez-les. Réservez-en 100 g pour le décor et écrasez le reste à la fourchette dans une assiette creuse.

Fouettez la crème liquide en chantilly très ferme, en ajoutant 2 cuillerées à soupe de sucre quand elle commence à être bien prise.

Dans un saladier, battez légèrement le fromage blanc avec le reste de sucre, au fouet à main, jusqu'à ce qu'il soit onctueux. Ajoutez-y les fraises écrasées, sans trop mélanger, puis incorporez le tout à la crème Chantilly, en soulevant délicatement la masse de bas en haut.

Battez les blancs d'œuf en neige très ferme avec le sel. Incorporez-les à la préparation précédente, toujours en procédant délicatement.

Versez dans 6 petits moules, si possible perforés, et placez au réfrigérateur jusqu'au moment de servir.

Démoulez sur des assiettes froides, nappez de coulis et décorez avec les fraises réservées coupées en lamelles.

Conseil

Vous pouvez décliner cette recette avec d'autres fruits rouges. Ce sera tout aussi délicieux !

Crêpes Suzette

Préparation : 20 min
Repos : 2 h minimum
Macération : 2 h
Cuisson : 25 min environ

Pour 6 personnes

Huile pour la poêle

Pour la pâte à crêpes :

250 g de farine

4 œufs

60 cl de lait

60 g de beurre fondu

40 g de sucre en poudre

1 pincée de sel

Pour la sauce :

Le zeste de 2 oranges non traitées très finement râpé

15 cl de Grand Marnier

60 g de beurre

4 c. à s. de sucre en poudre

Préparez la pâte à crêpes (voir page 156) et laissez-la reposer au moins 2 h à température ambiante.

Mettez les zestes d'orange dans un grand bol, couvrez de 10 cl de Grand Marnier et laissez macérer 2 h.

Faites cuire 12 crêpes très fines dans une poêle anti-adhésive huilée de 20 cm de diamètre, 1 min environ de chaque côté. Empilez-les au fur et à mesure sur une assiette et couvrez-les de papier d'aluminium. Maintenez-les au chaud dans le four préchauffé à 90 °C (th. 3) ou au-dessus d'une casserole d'eau frémissante.

Préparez la sauce. Faites fondre le beurre dans une grande poêle. Ajoutez les zestes d'orange et leur alcool de macération, ainsi que le sucre. Mélangez jusqu'à homogénéité.

Déposez les crêpes une par une dans la sauce, pliez-les en quatre et réchauffez-les 1 à 2 min à feu doux. Disposez-les au fur et à mesure sur un plat très chaud. Nappez-les du reste de sauce.

Portez doucement le reste de Grand Marnier à ébullition dans une petite casserole, puis approchez une allumette enflammée de la surface. Versez-le sur les crêpes pour les flamber et servez aussitôt.

Gaufres

Préparation : 20 min
Repos : 2 h
Cuisson : 3-4 min par gaufre

Pour 10 gaufres

250 g de farine

2 œufs

35 cl de lait

70 g de beurre fondu

30 g de sucre en poudre

1 sachet de levure chimique

1 pincée de sel

Huile pour le gaufrier

Sucre glace pour servir

Dans une jatte, battez les œufs en omelette avec le sucre en poudre et le sel.

Mélangez la farine et la levure dans un saladier et ménagez un puits au centre. Versez-y les œufs battus, puis délayez avec le lait et le beurre fondu, sans cesser de remuer avec une cuillère en bois, jusqu'à obtention d'une pâte lisse. Couvrez et laissez reposer au moins 2 h à température ambiante.

Faites chauffer le gaufrier et enduisez-le légèrement d'huile sur ses deux faces. Versez 1 petite louchée de pâte dans la moitié inférieure de chaque moule et répartissez-la dans toutes les alvéoles en inclinant doucement l'appareil en tous sens. Fermez-le et retournez-le aussitôt pour que la pâte encore liquide couvre également l'autre face. Laissez cuire 2 min environ de chaque côté, puis démoulez délicatement.

Saupoudrez de sucre glace et servez aussitôt. Poursuivez de même pour le reste de pâte.

Variante

Vous pouvez aussi accompagner les gaufres de fruits pochés, d'une compote, de fruits frais et de chantilly, de miel et de fruits secs ou d'une sauce au chocolat.

Crespelles aux pommes

Préparation : 30 min
Repos : 2 h
Cuisson : 50 min environ

Pour 6 personnes

Huile pour la poêle

Pour la pâte à crespelles :

250 g de farine

3 œufs

50 cl de lait

½ c. à c. de sel

50 g de beurre

1 c. à s. de sucre en poudre

Le zeste de 1 citron non traité finement râpé

Pour la garniture :

1,5 kg de pommes (golden ou granny-smith)

Le jus de 1 citron

¼ de c. à c. de cannelle en poudre

60 g de beurre

100 g de sucre en poudre

5 cl de cognac

Préparez la pâte comme une pâte à crêpes classique (voir page 156), en ajoutant le zeste de citron à la fin. Laissez-la reposer 2 h à température ambiante.

Faites cuire une vingtaine de crêpes fines dans une poêle antiadhésive huilée de 20 cm de diamètre, 1 min environ de chaque côté. Empilez-les au fur et à mesure sur une assiette et réservez-les.

Préparez la garniture. Lavez et pelez les pommes. Coupez-les en quatre et épépinez-les. Mettez-les dans un plat creux et arrosez-les aussitôt du jus de citron pour éviter que la chair ne noircisse.

Faites fondre le beurre à feu moyen dans une grande poêle. Quand il commence à mousser, baissez le feu, ajoutez le sucre en poudre et la cannelle, puis laissez légèrement caraméliser. Ajoutez les quartiers de pomme et laissez-les cuire 2 min, en les retournant une fois pour bien les enrober de caramel. Versez le cognac, laissez-le évaporer un peu, puis ôtez du feu.

Préchauffez le four à 180 °C (th. 6). Garnissez chaque crêpe d'un peu de pommes, puis rabattez les côtés deux par deux sur la garniture et en repliant les deux derniers en dessous, de façon à former un petit paquet carré. Disposez les crespelles au fur et à mesure dans un plat à gratin.

Arrosez avec le reste du jus de cuisson des pommes et enfournez pour une dizaine de minutes. Servez dès la sortie du four.

Bugnes

Préparation : 45 min
Repos : 1 h 30 + 12 h
Cuisson : 4 min environ par bain

Pour 4 à 6 personnes

300 g de farine + un peu pour le plan de travail

50 g de sucre en poudre

75 g de beurre

3 œufs

1 grosse pincée de sel

3 g de levure de boulanger

Sucre glace pour servir

Huile de friture

Coupez le beurre en morceaux dans un saladier et laissez-le ramollir. Délayez la levure dans 5 cl d'eau tiède.

Mélangez la farine et le sel dans un saladier et ménagez un puits au centre. Versez-y la levure délayée puis, successivement, le sucre en poudre, les œufs et le beurre mou, en travaillant la pâte jusqu'à ce qu'elle soit élastique et n'adhère plus aux doigts. Laissez-la lever 1 h 30 à température ambiante, puis pétrissez-la de nouveau. Couvrez d'un linge et laissez reposer une nuit au réfrigérateur.

Le lendemain, étalez la pâte au rouleau sur le plan de travail fariné, aussi finement que possible. Découpez-la à la roulette en petites bandes de 3 à 4 cm de large et 12 cm de long environ. Pratiquez-y une fente légèrement décentrée et glissez-y l'extrémité opposée de la bande de façon à donner aux bugnes l'apparence de petits nœuds.

Faites chauffer un bain d'huile de friture à 180 °C. Plongez-y les bugnes par petites quantités et laissez-les frire jusqu'à ce qu'elles soient bien dorées et croustillantes, en les retournant une ou deux fois avec une écumoire.

Sortez les bugnes de la friture au fur et à mesure de leur cuisson, à l'écumoire, et égouttez-les sur du papier absorbant. Servez-les aussitôt, saupoudrées de sucre glace.

Pannequets à la crème pralinée, sauce à la pistache

Préparation : 50 min
Repos : 2 h
Cuisson : 25 min environ

Pour 8 pannequets

Pour la pâte à crêpes :

150 g de farine

2 œufs

35 cl de lait

30 g de beurre

½ c. à c. de sel

1 c. à s. de sucre en poudre

Pour la sauce à la pistache :

15 g de pâte de pistaches

60 g de sucre en poudre

30 cl de lait concentré non sucré

Pour la crème pâtissière pralinée :

25 cl de lait

3 jaunes d'œuf

50 g de sucre en poudre

20 g de farine ou de Maïzena

½ gousse de vanille

50 g de noisettes concassées

50 g de pralin

10 cl de crème liquide très froide

Préparez la pâte à crêpes (voir page 156) et laissez-la reposer 2 h à température ambiante.

Faites cuire 8 crêpes fines dans une poêle antiadhésive huilée de 20 à 22 cm de diamètre, 1 min environ de chaque côté. Empilez-les au fur et à mesure sur une assiette et réservez-les.

Préparez la sauce à la pistache. Mixez tous les ingrédients au robot jusqu'à obtention d'un mélange onctueux et homogène. Placez au réfrigérateur le temps de poursuivre la recette.

Préparez la crème pâtissière (voir page 157) et laissez-la refroidir. Incorporez-y le pralin et les noisettes concassées.

Fouettez la crème liquide en chantilly très ferme et incorporez-la délicatement à la crème pralinée, en soulevant la masse de bas en haut.

Préchauffez le four à 180 °C (th. 6). Garnissez chaque crêpe d'un peu de crème pralinée, puis rabattez les côtés deux par deux sur la garniture et en repliant les deux derniers en dessous, de façon à former un petit paquet carré. Disposez les pannequets au fur et à mesure dans un plat à gratin.

Enfournez pour une dizaine de minutes. Laissez tiédir un peu et nappez de la sauce à la pistache. Servez aussitôt.

Conseil

Vous trouverez la pâte de pistaches chez les fournisseurs de produits de pâtisserie ou sur Internet. À défaut, mixez des pistaches mondées non salées avec un peu de lait.

Mont-blanc

Préparation : 30 min
Cuisson : 45 min-1 h

Pour 6 personnes

500 g de marrons au naturel (sous vide, en conserve ou surgelés)

75 cl de lait + un peu pour mouiller si besoin

50 cl de crème liquide très froide

150 g de sucre en poudre

4 c. à s. de sucre glace

1 gousse de vanille

Rincez les marrons, égouttez-les et mettez-les dans une casserole avec le lait, le sucre en poudre et la gousse de vanille fendue en deux dans la longueur. Portez à ébullition, puis baissez le feu et laissez cuire à petits frémissements pendant 45 min à 1 h : les marrons doivent être très tendres. Mouillez éventuellement avec un peu de lait si l'évaporation est trop importante. Égouttez-les de nouveau, en conservant le lait de cuisson.

Passez les marrons au moulin à légumes muni de la grille fine, en ajoutant quelques cuillerées du lait de cuisson : vous devez obtenir une purée souple. Disposez-la en dôme sur le plat de service et creusez légèrement le sommet.

Fouettez la crème liquide en chantilly, en ajoutant le sucre glace quand elle commence à être bien prise. Garnissez-en le sommet du dôme de marrons et mettez le reste dans une jatte.

Servez le mont-blanc très frais, accompagné de la jatte de chantilly.

Variante

VOUS POUVEZ AUSSI SERVIR CE MONT-BLANC DANS DES RÉCIPIENTS INDIVIDUELS, COUPES OU VERRES.

Flognarde aux pommes

Préparation : 20 min
Cuisson : 40-45 min

Pour 6 personnes

1 kg de pommes (golden ou granny-smith)

40 g de beurre demi-sel
+ un peu pour le plat

3 œufs

40 cl de lait

100 g de sucre en poudre
+ un peu pour servir

80 g de farine
+ un peu pour le plat

Faites fondre le beurre demi-sel à feu doux dans une petite casserole.

Mélangez la farine et le sucre dans un saladier, puis ajoutez les œufs et fouettez jusqu'à obtention d'une pâte lisse. Incorporez-y le beurre fondu, sans cesser de fouetter, jusqu'à homogénéité.

Préchauffez le four à 200 °C (th. 6-7). Beurrez et farinez un joli plat à four à bord assez haut.

Lavez et pelez les pommes. Coupez-les en quatre et épépinez-les. Recoupez-les en fins quartiers. Disposez-les dans le fond du plat et versez la pâte dessus. Enfournez pour 40 à 45 min.

Saupoudrez la flognarde de sucre et laissez-la tiédir. Servez dans le plat de cuisson.

Variante

Vous pouvez également réaliser ce dessert préparé en Auvergne, dans le Limousin et en Périgord avec des poires ou des pruneaux.

Gâteau de semoule

Préparation : 10 min
Cuisson : 45 min environ

Pour 6 personnes

200 g de semoule fine

1 litre de lait

1 gousse de vanille

120 g de sucre en poudre

100 g de beurre

4 œufs

Pour le caramel :

200 g de sucre en poudre

3 c. à s. d'eau

Le jus de ½ citron

Cassez les œufs dans deux saladiers en séparant les blancs des jaunes.

Mettez le lait, le sucre et la gousse de vanille fendue en deux dans la longueur dans une casserole. Portez à ébullition, puis versez la semoule en pluie et mélangez. Baissez le feu, couvrez et laissez cuire 15 min à feu doux en remuant fréquemment.

Ôtez du feu. Retirez la gousse de vanille et grattez les graines avec la pointe d'un couteau. Ajoutez le beurre coupé en morceaux et les jaunes d'œuf.

Préchauffez le four à 180 °C (th. 6).

Préparez le caramel. Dans une petite casserole, chauffez le sucre à petits bouillons avec l'eau et le jus de citron jusqu'à ce qu'il prenne une belle couleur blond clair. Arrêtez la cuisson en plongeant le fond de la casserole dans un récipient d'eau froide. Versez le caramel dans un moule à manqué et inclinez celui-ci en tous sens pour bien en recouvrir le fond.

Battez les blancs d'œuf en neige très ferme. Incorporez-les délicatement à la semoule, en soulevant la masse de bas en haut, puis versez la préparation dans le moule caramélisé. Lissez la surface avec une spatule humide et enfournez pour 30 min environ.

Laissez refroidir, puis trempez le moule dans de l'eau bouillante et retournez-le sur le plat de service.

Variante

INCORPOREZ DES RAISINS SECS, DES FRUITS CONFITS OU DES DÉS DE FRUITS AU SIROP BIEN ÉGOUTTÉS.

Petits puddings au chocolat

Préparation : 30 min
Cuisson : 35-45 min

Pour 8 personnes

180 g de brioche
ou de pain brioché rassis

90 g de chocolat noir
à 70 % de cacao

60 g de sucre en poudre

60 g de beurre
+ 20 g pour les ramequins

3 œufs

17,5 cl de lait

1 pincée de sel

Cassez les œufs dans deux saladiers en séparant les blancs des jaunes. Coupez le beurre en morceaux dans une jatte et laissez-le ramollir.

Mixez la brioche (ou le pain brioché) en chapelure grossière.

Cassez le chocolat en morceaux dans une petite casserole et faites-le fondre à feu très doux avec le lait, en remuant de temps en temps. Ôtez du feu, ajoutez les jaunes d'œuf et mélangez le tout avec la chapelure briochée.

Travaillez le beurre mou à la spatule avec le sucre jusqu'à obtention d'une consistance crémeuse. Ajoutez la préparation au chocolat, en remuant jusqu'à homogénéité.

Battez les blancs en neige ferme avec le sel. Incorporez-les délicatement à la préparation précédente, en soulevant la pâte de bas en haut.

Beurrez généreusement 8 ramequins. Remplissez-les de pâte aux deux tiers, puis placez-les dans le panier d'un cuit-vapeur, au-dessus de l'eau bouillante. Couvrez et faites cuire 35 à 40 min. Servez tiède ou chaud.

Conseil

Accompagnez ces délicieux puddings d'une sauce au chocolat ou d'une crème anglaise.

Pudding aux fruits frais

Préparation : 30 min
Trempage : 15 min
Cuisson : 40-45 min

Pour 8 personnes

300 g de brioche
ou de pain brioché rassis

500 g d'un mélange de fruits frais au choix : fruits rouges, pommes-poires-prunes, bananes-ananas

15 cl de crème liquide

10 cl de lait

4 œufs + 4 jaunes

80 g de sucre en poudre

20 g de beurre pour le moule

1 pincée de sel

Coulis de fruits pour servir
(en accord avec les fruits choisis)

Émiettez grossièrement la brioche (ou le pain brioché) dans un saladier. Versez le lait et la crème liquide dessus et laissez tremper pendant 15 min.

Cassez les œufs dans deux saladiers en séparant les blancs des jaunes.

Fouettez tous les jaunes avec le sucre jusqu'à ce que le mélange blanchisse légèrement. Versez sur la préparation briochée et travaillez le tout à la spatule, jusqu'à homogénéité.

Préchauffez le four à 180 °C (th. 6). Beurrez un moule à charlotte ou à savarin.

Battez les blancs en neige très ferme avec le sel, puis incorporez-les délicatement à la préparation précédente, en soulevant la masse à la spatule. Ajoutez enfin les fruits, en mélangeant doucement.

Versez la préparation dans le moule et enfournez pour 40 à 45 min. Laissez refroidir, démoulez sur un plat et nappez d'un peu de coulis. Présentez le reste de coulis en saucière.

Conseil

VOUS POUVEZ PRÉPARER CE PUDDING DANS UN JOLI PLAT ET LE SERVIR DIRECTEMENT, SANS LE DÉMOULER.

Diplomate aux abricots

Préparation : 45 min
Cuisson : 15 min environ
Réfrigération : 12 h

Pour 8 personnes

250 g de pain brioché rassis

200 g d'abricots secs moelleux

25 cl d'eau

40 g de sucre en poudre

2 ou 3 gouttes d'extrait d'amande amère

Coulis d'abricots pour servir

Pour la crème pâtissière :

40 cl de lait

5 jaunes d'œuf

70 g de sucre en poudre

30 g de farine ou de Maïzena

½ gousse de vanille

Mettez les abricots secs dans une casserole, avec l'eau, le sucre et l'extrait d'amande. Portez à ébullition, puis baissez le feu et laissez cuire 15 min environ à petits frémissements. Égouttez les abricots secs en conservant leur sirop de cuisson et épongez-les sur du papier absorbant.

Pendant ce temps, préparez la crème pâtissière (voir page 157) et laissez-la refroidir.

Tapissez un moule à cake de 26 cm de long de film alimentaire en le laissant largement dépasser. Ôtez la croûte du pain brioché et coupez-le en tranches de 2 cm d'épaisseur environ.

Étalez une couche de tranches de pain brioché dans le fond du moule puis, à l'aide d'un pinceau, imbibez-les légèrement de sirop. Ajoutez une couche de crème pâtissière, une couche d'abricots secs et une nouvelle couche de tranches de pain brioché. Renouvelez l'opération de manière à remplir le moule, en terminant par une couche de tranches de pain brioché.

Rabattez hermétiquement le film alimentaire et réservez 12 h au réfrigérateur.

Pour servir, retournez délicatement le diplomate sur un plat, ôtez le film alimentaire et découpez le gâteau en tranches épaisses. Accompagnez du coulis d'abricots.

Gâteau de riz aux pêches

Préparation : 20 min
Cuisson : 35-45 min
Réfrigération : 4 h

Pour 4 personnes

150 g de riz rond

6 demi-pêches au sirop

1 litre de lait

Le jus de 1 orange

1 sachet de sucre vanillé

150 g de sucre en poudre

2 œufs

10 cl de crème liquide très froide

6 feuilles de gélatine

1 pincée de sel

Versez le riz dans une passoire et rincez-le abondamment à l'eau froide. Égouttez les demi-pêches, coupez-en quatre en dés et les deux autres en lamelles. Faites ramollir les feuilles de gélatine dans un bol d'eau froide.

Portez une grande casserole d'eau à ébullition, jetez-y le riz égoutté et faites-le cuire 3 min. Faites bouillir le lait dans une autre casserole.

Égouttez le riz et versez-le dans le lait bouillant. Dès reprise de l'ébullition, baissez le feu et laissez cuire à petits frémissements, en remuant de temps en temps, pendant 30 à 40 min : les grains doivent être très tendres.

Cassez les œufs dans deux jattes en séparant les blancs des jaunes.

Ôtez le riz du feu. Ajoutez la gélatine égouttée, en remuant jusqu'à complète dissolution. Puis incorporez les sucres et les jaunes d'œuf. Laissez refroidir.

Fouettez la crème liquide en chantilly ferme, puis incorporez-la au riz refroidi, en soulevant la masse de bas en haut. Ajoutez les dés de pêche, en mélangeant délicatement.

Battez les blancs d'œuf en neige ferme avec le sel, puis incorporez-les délicatement à la préparation précédente. Versez dans un moule et réservez 4 h au réfrigérateur.

Au moment de servir, retournez le moule sur un plat après l'avoir rapidement trempé dans l'eau chaude. Disposez des lamelles de pêche en rosace sur le gâteau de riz.

Variante

Vous pouvez aussi verser la préparation dans 4 petits moules et servir des gâteaux de riz individuels.

Mousse au chocolat

Préparation et cuisson : 20 min
Réfrigération : 2 h

Pour 6 personnes

200 g de chocolat noir à 70 % de cacao

100 g de beurre

4 jaunes + 6 blancs d'œuf

1 pincée de sel

60 g de sucre en poudre (facultatif)

Coupez le beurre et cassez le chocolat en morceaux dans un saladier. Faites-les fondre au bain-marie à feu doux, en remuant de temps en temps, jusqu'à obtention d'une crème lisse. Ôtez du feu.

Dans un autre saladier, battez les blancs d'œuf en neige très ferme avec le sel. Si vous souhaitez ajouter du sucre, incorporez-en la moitié aux blancs quand ils commencent à être bien pris, sans cesser de fouetter.

Ajoutez le reste de sucre et les jaunes d'œuf au mélange de beurre et de chocolat fondus. Prélevez 2 cuillerées à soupe de blancs en neige et incorporez-les vivement à la préparation pour l'alléger. Puis incorporez délicatement le reste, en soulevant la masse de bas en haut.

Versez la mousse dans une coupe ou répartissez-la dans 6 coupelles. Réservez au réfrigérateur 2 h avant de servir.

Astuce

Pour qu'elle ne soit pas trop ferme, sortez la mousse du réfrigérateur un quart d'heure avant de la déguster.

Bavarois à la vanille

Préparation : 50 min
Infusion : 15-20 min
Cuisson : 10-15 min
Réfrigération : 4 h

Pour 8 personnes

50 cl de lait

40 cl de crème liquide très froide

6 jaunes d'œuf

80 g de sucre en poudre

1 gousse de vanille

4 feuilles de gélatine

Pour le décor :

Fruits frais, cacao ou copeaux de chocolat

Tapissez un moule à bavarois de film alimentaire (ou mouillez-le et égouttez-le) en le laissant largement dépasser. Faites ramollir les feuilles de gélatine dans un bol d'eau froide.

Dans une casserole à fond épais, portez le lait à ébullition avec la gousse de vanille fendue en deux dans la longueur. Ôtez du feu, couvrez et laissez infuser 15 à 20 min.

Retirez la gousse de vanille du lait et grattez les graines avec la pointe d'un couteau. Portez de nouveau le lait à ébullition.

Dans un saladier, fouettez les jaunes d'œuf avec le sucre jusqu'à ce que le mélange blanchisse. Délayez avec le lait bouillant, en remuant avec une cuillère en bois, puis reversez le mélange dans la casserole. Faites épaissir à feu doux, sans cesser de remuer, 10 à 15 min : vous devez obtenir une crème onctueuse, qui nappe la cuillère.

Ôtez du feu et ajoutez la gélatine égouttée, en mélangeant jusqu'à complète dissolution. Laissez la crème refroidir.

Fouettez la crème liquide en chantilly, puis incorporez-la délicatement à la crème refroidie, avant que celle-ci ne prenne, en soulevant la masse de bas en haut.

Versez la préparation dans le moule, rabattez hermétiquement le film alimentaire et réservez 4 h au réfrigérateur.

Démoulez le bavarois sur un plat de service, ôtez le film alimentaire et décorez-le à votre idée.

Glace à la pistache

Préparation : 25 min
Infusion : 30 min
Cuisson : 10-15 min
Congélation : 2 h

Pour 4 personnes

40 cl de lait

10 cl de crème liquide

5 jaunes d'œuf

50 g de pistaches fraîches décortiquées et mondées

60 g de sucre en poudre

Dans une casserole à fond épais, portez le lait et la crème à ébullition avec les pistaches. Ôtez du feu, couvrez et laissez infuser 30 min. Puis mixez le tout jusqu'à obtention d'un mélange épais et fluide. Reversez-le dans la casserole et portez-le de nouveau à ébullition.

Dans un saladier, fouettez les jaunes d'œuf avec le sucre jusqu'à ce que le mélange blanchisse. Délayez avec le lait aux pistaches bouillant, en remuant avec une cuillère en bois, puis reversez la préparation dans la casserole. Faites épaissir à feu doux, sans cesser de remuer, 10 à 15 min : vous devez obtenir une crème onctueuse, qui nappe la cuillère. Laissez refroidir complètement, en mélangeant de temps en temps pour éviter la formation d'une pellicule en surface.

Versez dans une sorbetière et faites prendre 2 h au congélateur.

Conseil

SERVEZ CETTE GLACE DANS DE JOLIES COUPES EN VERRE, PARSEMÉE DE PISTACHES CONCASSÉES ET ACCOMPAGNÉE DE LANGUES-DE-CHAT OU DE CIGARETTES RUSSES.

Glace à la vanille

Préparation : 20 min
Infusion : 1 h
Cuisson : 10-15 min
Congélation : 2 h

Pour 4 personnes

40 cl de lait

10 cl de crème liquide

6 jaunes d'œuf

1 gousse de vanille

60 g de sucre en poudre

Dans une casserole à fond épais, portez le lait et la crème à ébullition avec la gousse de vanille fendue en deux dans la longueur. Ôtez du feu, couvrez et laissez infuser 1 h.

Retirez la gousse de vanille du lait et grattez les graines avec la pointe d'un couteau. Portez de nouveau le lait à ébullition.

Dans un saladier, fouettez les jaunes d'œuf avec le sucre jusqu'à ce que le mélange blanchisse. Délayez avec le lait vanillé bouillant, en remuant avec une cuillère en bois, puis reversez le mélange dans la casserole. Faites épaissir à feu doux, sans cesser de remuer, 10 à 15 min : vous devez obtenir une crème onctueuse, qui nappe la cuillère. Laissez refroidir complètement, en mélangeant de temps en temps pour éviter la formation d'une pellicule en surface.

Versez dans une sorbetière et faites prendre 2 h au congélateur.

Variantes

GLACE AU CHOCOLAT

PRÉPAREZ LA CRÈME SANS LA GOUSSE DE VANILLE. CASSEZ 120 G DE CHOCOLAT NOIR EN MORCEAUX DANS UN SALADIER. QUAND LA CRÈME A ÉPAISSI, VERSEZ-LA SUR LE CHOCOLAT EN FOUETTANT. LAISSEZ REFROIDIR ET VERSEZ DANS LA SORBETIÈRE.

GLACE AU CAFÉ

FAITES INFUSER 50 G DE CAFÉ EN GRAINS GROSSIÈREMENT MOULU DANS LE LAIT, PUIS FILTREZ-LE. PRÉPAREZ ENSUITE LA CRÈME DE LA MÊME FAÇON. VOUS POUVEZ AUSSI AJOUTER À LA CRÈME 5 CL D'EXPRESSO TRÈS FORT OU 1 C. À S. D'EXTRAIT DE CAFÉ LIQUIDE.

Sorbet à la fraise

Préparation : 20 min
Congélation : 1 h

Pour 4 personnes

500 g de fraises

100 g de sucre en poudre

Le jus de ½ citron

10 cl d'eau

Dans une casserole, mélangez l'eau et le sucre jusqu'à complète dissolution de ce dernier. Portez à ébullition jusqu'à obtention d'un sirop, puis ôtez du feu et laissez refroidir.

Rincez les fraises, séchez-les soigneusement et équeutez-les. Mixez-les en purée. Passez cette dernière à travers une passoire fine pour éliminer les pépins et ajoutez-y le jus de citron.

Incorporez le sirop refroidi.

Versez la préparation dans une sorbetière et faites prendre 1 h au congélateur.

Variantes

DÉCLINEZ CETTE RECETTE AU GRÉ DE VOS ENVIES ET DES SAISONS, POURVU QUE VOUS RESPECTIEZ LES PROPORTIONS.

Coupes ardéchoises

Préparation : 20 min

Pour 4 personnes

20 cl de crème liquide très froide

100 g de crème de marrons

8 boules de glace aux marrons

Quelques brisures
de marrons glacés

Pour la sauce au chocolat :

150 g de chocolat noir
à 70 % de cacao

20 cl de lait

Préparez la sauce au chocolat. Cassez le chocolat en morceaux dans une jatte. Faites bouillir le lait, puis versez-le petit à petit sur le chocolat, en remuant vivement au fouet à main, jusqu'à obtention d'une crème lisse et onctueuse. Laissez refroidir.

Fouettez la crème liquide en chantilly très ferme, puis incorporez-en délicatement la moitié à la crème de marrons, en soulevant la masse de bas en haut.

Répartissez la préparation précédente dans 4 verres hauts ou 4 coupes à glace. Ajoutez 2 boules de glace aux marrons et nappez de sauce au chocolat. Surmontez du reste de chantilly et parsemez de brisures de marrons glacés. Servez sans attendre.

Astuce

Pour cette recette, évitez d'utiliser de la chantilly en bombe du commerce car elle est toujours sucrée. La crème de marrons l'est déjà suffisamment !

Desserts tendance

Reproduisez chez vous les superbes présentations des desserts de votre restaurant branché favori : assiettes rectangulaires et superbes verrines aux décors épurés. Les recettes d'aujourd'hui utilisent des produits et des épices différents de celles d'hier. Soyez « tendance », utilisez le pop-corn et la réglisse, la mangue et la noix de pécan, le safran et le gingembre.

Soufflés à l'orange

Préparation : 20 min
Réfrigération : 10 min
Cuisson : 13-17 min

Pour 6 soufflés

10 cl de lait

20 cl de jus d'orange frais

30 g de Maïzena

4 jaunes d'œuf + 5 blancs

100 g de sucre en poudre
+ un peu pour les ramequins

5 cl d'eau de fleur d'oranger

1 pincée de sel

Beurre mou pour les ramequins

Dans une casserole, mélangez les jaunes d'œuf avec le sucre et la Maïzena, puis délayez avec le lait et le jus d'orange. Portez à ébullition, puis baissez le feu et faites épaissir 1 à 2 min à petits frémissements, sans cesser de remuer. Ôtez du feu et incorporez l'eau de fleur d'oranger.

Préchauffez le four à 180 °C (th. 6). Enduisez 6 ramequins d'une première couche de beurre, placez-les 10 min au réfrigérateur, puis beurrez-les de nouveau. Saupoudrez leurs parois de sucre.

Battez les blancs d'œuf en neige ferme avec le sel, puis incorporez-les délicatement à la préparation précédente, en soulevant la masse de bas en haut.

Répartissez la préparation dans les ramequins et enfournez pour 12 à 15 min : les soufflés doivent être bien gonflés. Servez aussitôt.

Astuce

ÉVIDEZ 6 ORANGES AVEC UNE PETITE CUILLÈRE, APRÈS AVOIR COUPÉ UN CHAPEAU AUX DEUX TIERS DE LEUR HAUTEUR. VOUS UTILISEREZ LES ÉCORCES COMME MOULES ET PRESSEREZ LA PULPE POUR EN RECUEILLIR LE JUS.

Soufflés crémeux au chocolat et au pop-corn

Préparation : 20 min
Réfrigération : 10 min
Cuisson : 10 min environ

Pour 6 soufflés

150 g de chocolat noir
à 70 % de cacao

10 cl de crème liquide

4 jaunes d'œuf + 6 blancs

40 g de Maïzena

40 g de sucre glace

4 c. à s. de pop-corn

1 pincée de sel

Beurre mou pour les ramequins

Concassez grossièrement le pop-corn.

Cassez le chocolat en morceaux dans un saladier et faites-le fondre au bain-marie à feu doux, en remuant jusqu'à obtention d'une crème lisse. Ôtez du feu et incorporez la crème liquide, en remuant vivement. Laissez tiédir, puis incorporez les jaunes d'œuf, un par un. Ajoutez la Maïzena, en fouettant vivement, et incorporez le pop-corn concassé.

Préchauffez le four à 180 °C (th. 6). Enduisez 6 ramequins d'une première couche de beurre, placez-les 10 min au réfrigérateur, puis beurrez-les de nouveau.

Battez les blancs d'œuf en neige ferme, en ajoutant le sucre glace quand ils commencent à être bien pris. Incorporez-en 3 cuillerées à soupe à la préparation précédente, en mélangeant vivement, puis incorporez délicatement le reste, en soulevant la masse de bas en haut.

Répartissez la préparation dans les ramequins et enfournez pour 10 min environ : une aiguille piquée au cœur d'un soufflé doit ressortir légèrement humide. Servez aussitôt.

Crèmes au citron vert et au gingembre

Préparation : 20 min
Cuisson : 25-35 min

Pour 6 crèmes

2 œufs + 2 jaunes

4 c. à s. de sucre roux

2 citrons verts non traités

50 cl de crème liquide

30 g de gingembre confit

1 c. à s. de sirop de gingembre

20 cl de sirop de sucre

Hachez le gingembre confit aussi finement que possible. Prélevez le zeste d'un des citrons verts avec un couteau économe et pressez les fruits pour en recueillir le jus.

Portez le sirop de sucre à ébullition dans une petite casserole, plongez-y le zeste de citron et faites-le pocher 4 à 5 min à petits frémissements. Égouttez-le à l'aide d'une écumoire et épongez-le sur du papier absorbant. Laissez-le refroidir, puis hachez-le finement.

Préchauffez le four à 150 °C (th. 5).

Portez la crème à ébullition dans une autre casserole. Dans un saladier, fouettez les œufs entiers et les jaunes avec le sucre roux jusqu'à ce que le mélange blanchisse et soit bien mousseux. Délayez avec la crème chaude, sans cesser de remuer, puis incorporez le jus et le zeste de citron, le gingembre confit et le sirop de gingembre.

Répartissez la préparation dans 6 ramequins et enfournez pour 20 à 30 min : les crèmes doivent être bien prises.

Laissez refroidir et placez au réfrigérateur jusqu'au moment de servir.

Conseil

VOUS TROUVEREZ LE SIROP DE GINGEMBRE DANS LES ÉPICERIES ASIATIQUES.

Crèmes à la réglisse et à la badiane

Préparation : 20 min
Cuisson : 20-25 min

Pour 4 crèmes

6 rouleaux de réglisse (Zan)

15 cl de crème liquide

30 cl de lait

1 étoile de badiane (anis étoilé)

2 œufs + 2 jaunes

2 c. à s. de sucre en poudre

Écrasez légèrement la badiane avec le plat d'un couteau. Déroulez les rouleaux de réglisse, coupez-les en petits morceaux et faites-les fondre à feu doux dans une grande casserole avec 10 cl d'eau et la badiane écrasée. Ajoutez le lait et la crème, puis mixez le tout jusqu'à obtention d'un mélange lisse et onctueux.

Préchauffez le four à 120 °C (th. 4). Réchauffez la crème à la réglisse sans la laisser bouillir.

Dans un saladier, battez les œufs en omelette, puis ajoutez les jaunes et le sucre et continuez à fouetter jusqu'à ce que le mélange soit bien mousseux. Incorporez la crème à la réglisse chaude, sans cesser de battre, jusqu'à homogénéité. Filtrez la préparation à travers une passoire fine, puis versez-la dans 4 ramequins.

Placez les ramequins dans un bain-marie et enfournez pour 20 à 25 min : la surface des crèmes doit être juste ferme sous la pression. Laissez refroidir, puis réservez au réfrigérateur jusqu'au moment de servir.

Conseil

SERVEZ AVEC UN THÉ À LA RÉGLISSE OU UNE BOISSON ANISÉE.

Petites crèmes à la mangue et à l'anis

Préparation : 20 min
Cuisson : 25-35 min

Pour 4 crèmes

2 mangues bien mûres (400 g)

½ c. à c. d'anis en poudre

3 œufs

25 cl de crème liquide

100 g de sucre en poudre

Pelez les mangues, coupez la chair en tournant autour des noyaux, puis recoupez-la en cubes. Mixez-les en purée.

Préchauffez le four à 160 °C (th. 5-6).

Chauffez la crème avec l'anis en poudre dans une petite casserole. Ôtez du feu aux premiers frémissements.

Dans un saladier, fouettez les œufs avec le sucre jusqu'à ce que le mélange blanchisse. Délayez avec la crème à l'anis chaude, sans cesser de remuer. Ajoutez la purée de mangues, en mélangeant délicatement.

Répartissez la préparation dans 4 ramequins et enfournez pour 25 à 35 min : la surface des crèmes doit être ferme sous la pression.

Laissez refroidir et placez au réfrigérateur jusqu'au moment de servir.

Conseil

Nappez d'un peu de coulis de mangue au moment de servir, accompagné de biscuits à l'anis.

Petits flans à la chicorée et au pain d'épices

Préparation : 20 min
Cuisson : 30 min environ

Pour 4 flans

3 petites tranches de pain d'épices

3 œufs

1 c. à s. de Maïzena

80 g de sucre en poudre

30 cl de crème liquide

30 cl de chicorée liquide

Beurre mou pour les ramequins

Préchauffez le four à 90 °C (th. 3). Placez les tranches de pain d'épices sur la grille du four, à mi-hauteur. Faites-les sécher pendant 20 min, puis mixez-les en chapelure grossière.

Augmentez la température du four à 120 °C (th. 4). Beurrez 4 ramequins et répartissez-y la chapelure de pain d'épices.

Dans un saladier, fouettez les œufs avec le sucre et la Maïzena, puis incorporez la crème et la chicorée, en remuant jusqu'à homogénéité.

Répartissez la préparation dans les ramequins, sur le pain d'épices, puis placez ceux-ci dans un bain-marie et enfournez pour 30 min environ : une pointe de couteau piquée au cœur d'un flan doit ressortir sèche. Si nécessaire, prolongez un peu la cuisson.

Ôtez les flans du bain-marie. Laissez-les refroidir ou servez-les tièdes.

Tiramisu

Préparation : 25 min
Réfrigération : 3-12 h

Pour 6 personnes

300 g de mascarpone

4 œufs

20 cl d'expresso très fort

1 boîte de biscuits à la cuillère (200 g environ)

80 g de sucre en poudre

Cacao en poudre pour servir

Versez le café dans une assiette creuse. Trempez-y rapidement la moitié des biscuits, un par un, de façon à les imbiber sans les détremper. Disposez-les au fur et à mesure dans 6 coupes ou dans le fond d'un plat assez haut.

Cassez les œufs dans deux saladiers en séparant les blancs des jaunes. Fouettez les jaunes avec le sucre jusqu'à ce que le mélange blanchisse et soit bien mousseux. Ajoutez le mascarpone, en fouettant vivement, jusqu'à homogénéité.

Fouettez les blancs en neige ferme, puis incorporez-les délicatement à la crème au mascarpone, en soulevant la masse de bas en haut. Étalez la moitié de la préparation sur les biscuits.

Trempez le reste de biscuits dans le café, un par un, et disposez-les au fur et à mesure dans les coupes (ou le plat), sur la première couche de crème. Recouvrez-les du reste de crème et réservez au réfrigérateur au moins 3 h, au mieux 12 h.

Servez saupoudré de cacao.

Variante

POUR LES AMATEURS DE CHOCOLAT, REMPLACEZ L'EXPRESSO PAR DU LAIT CACAOTÉ, TRÈS FORT ÉGALEMENT ET LÉGÈREMENT SUCRÉ, POUR Y TREMPER LES BISCUITS.

Crèmes au safran et à la cardamome

Préparation : 15 min
Cuisson : 20-30 min

Pour 4 crèmes

30 cl de crème liquide

30 cl de lait

4 jaunes d'œuf

1 c. à s. de Maïzena

80 g de sucre en poudre

3 graines de cardamome

1 pincée de pistils de safran

Préchauffez le four à 150 °C (th. 5).

Écrasez la cardamome au pilon ou dans un moulin à épices.

Dans une casserole, portez le lait et la crème à ébullition avec la cardamome pilée et les pistils de safran.

Dans une jatte, fouettez les jaunes d'œuf avec le sucre et la Maïzena jusqu'à ce que le mélange blanchisse. Délayez avec le lait bouillant, sans cesser de remuer.

Répartissez la préparation dans 4 ramequins, placez-les dans un bain-marie et enfournez pour 20 à 30 min.

Laissez refroidir et placez au réfrigérateur jusqu'au moment de servir.

Astuce

En doublant la quantité de Maïzena, vous pouvez aussi cuire cet entremets directement dans la casserole, comme une crème pâtissière (voir page 157). Servez alors dans des coupes ou de jolis verres à pied.

Verrines meringuées caramel-banane

Préparation : 15 min
Cuisson : 3-4 min

Pour 4 personnes

8 meringues de la taille d'une mandarine

2 bananes

Le jus de ½ citron

60 cl de lait

6 jaunes d'œuf

2 c. à s. de Maïzena

4 c. à s. de sucre en poudre

2 c. à s. de copeaux de chocolat

Pour le caramel crémeux :

80 g de sucre en poudre

1 c. à s. d'eau

10 cl de crème liquide

Préparez le caramel crémeux. Dans une petite casserole, chauffez le sucre à petits bouillons avec l'eau jusqu'à ce qu'il prenne une belle couleur dorée. Ajoutez petit à petit la crème, puis ôtez du feu et laissez refroidir.

Dans une casserole, mélangez les jaunes d'œuf avec le le sucre et la Maïzena, puis délayez avec le lait en remuant. Portez à ébullition, puis baissez le feu et faites épaissir 3 à 4 min à petits frémissements, sans cesser de remuer. Incorporez le caramel crémeux, ôtez du feu et laissez refroidir.

Épluchez les bananes et éliminez les filaments. Coupez-les en fines rondelles et arrosez-les aussitôt du jus de citron pour éviter que la chair ne noircisse.

Coupez les meringues en morceaux. Répartissez-en un peu dans le fond de 4 verres, recouvrez-les de rondelles de banane et d'un peu de crème au caramel, puis continuez en alternant les couches jusqu'à épuisement des ingrédients et en terminant par de la crème. Parsemez des copeaux de chocolat et placez au réfrigérateur jusqu'au moment de servir.

Verrines de pêche au mascarpone

Préparation : 20 min

Pour 4 personnes

8 boudoirs

2 pêches jaunes

Le jus de ½ citron

15 cl de crème liquide

150 g de mascarpone

2 c. à s. de sucre en poudre

1 blanc d'œuf

4 c. à s. de confiture
ou de compote d'abricots

2 c. à s. d'amandes effilées

Faites légèrement griller les amandes effilées à sec dans une poêle antiadhésive.

Plongez les pêches 30 secondes dans une casserole d'eau bouillante, puis mettez-les aussitôt dans un récipient d'eau glacée. Pelez-les, coupez-les en deux et dénoyautez-les. Recoupez-les en dés et arrosez-les aussitôt du jus de citron pour éviter que la chair ne noircisse.

Dans une jatte, fouettez vivement la crème et le mascarpone avec le sucre, jusqu'à ce que le mélange ait presque la consistance d'une chantilly.

Battez le blanc d'œuf en neige très ferme, puis incorporez-le délicatement à la préparation précédente, en soulevant la masse de bas en haut.

Cassez les boudoirs en morceaux et répartissez-les dans le fond de 4 verres. Recouvrez-les de 1 cuillerée à soupe de confiture (ou de compote) d'abricots. Surmontez d'une couche de dés de pêche et d'une couche de crème au mascarpone. Renouvelez cette opération et décorez des amandes grillées. Placez au réfrigérateur jusqu'au moment de servir.

Variante

Vous pouvez remplacer les fruits frais par des pêches au sirop léger. Égouttez-les avec soin et épongez-les sur du papier absorbant avant de réaliser la recette.

Verrines de groseilles à la chantilly

Préparation : 20 min

Pour 4 personnes

6 c. à s. de gelée de groseille

200 g de groseilles

20 cl de crème liquide très froide

8 biscuits roses de Reims

2 c. à s. de sucre en poudre

Rincez les groseilles, séchez-les soigneusement et égrappez-les.

Cassez les biscuits en morceaux et répartissez-les dans le fond de 4 verres.

Dans une petite casserole, chauffez légèrement la gelée de groseille avec 1 cuillerée à soupe d'eau pour la liquéfier. Prélevez-en un tiers et répartissez-le sur les morceaux de biscuits de façon à bien les en imbiber.

Fouettez la crème liquide en chantilly ferme, en ajoutant le sucre quand elle commence à être bien prise. Incorporez-y délicatement le reste de gelée de groseille, sans remuer avec excès : le mélange ne doit pas être trop homogène.

Étalez la moitié de la chantilly sur les biscuits et surmontez de la moitié des groseilles. Renouvelez l'opération en terminant par une couche de fruits. Réservez au réfrigérateur jusqu'au moment de servir.

Variante

VOUS POUVEZ DÉCLINER CETTE RECETTE AVEC D'AUTRES FRUITS ROUGES : FRAISES COUPÉES EN MORCEAUX, FRAISES DES BOIS, FRAMBOISES...

Mousse de ricotta au miel et aux pignons

Préparation : 20 min
Réfrigération : 2 h

Pour 6 personnes

500 g de ricotta

40 cl de lait

1 gousse de vanille

70 g de sucre

15 cl de crème liquide très froide

50 g de miel liquide

100 g de pignons de pin

Faites légèrement griller les pignons à sec dans une poêle antiadhésive.

Dans un saladier, fouettez vivement la ricotta avec le miel et le lait, jusqu'à obtention d'une crème onctueuse.

Fouettez la crème en chantilly très ferme, puis incorporez-la délicatement à la préparation précédente, en soulevant la masse de bas en haut. Ajoutez les pignons grillés (réservez-en 2 cuillerées à soupe pour le décor) et mélangez délicatement.

Versez la préparation dans une coupe ou répartissez-la dans 6 jolis verres. Réservez 2 h au réfrigérateur.

Servez décoré des pignons réservés.

Variante

Vous pouvez remplacer les pignons par 60 g d'écorces d'orange confites très finement hachées et ajouter quelques gouttes de fleur d'oranger à la mousse.

Mousses au chocolat blanc et au citron vert

Préparation : 15 min
Cuisson : 5 min
Infusion : 30 min
Réfrigération : 2 h

Pour 6 personnes

150 g de chocolat blanc

20 cl de crème liquide très froide

30 g de sucre en poudre

15 cl d'eau

Le zeste de 1 citron vert non traité finement râpé + quelques lanières de zeste pour le décor + 2 c. à s. de jus

Cacao en poudre pour servir

Faites blanchir le zeste de citron vert 1 min dans une petite casserole d'eau bouillante, puis égouttez-le. Renouvelez l'opération et réservez-le.

Concassez le chocolat blanc.

Dans une casserole, mélangez le sucre avec l'eau et le jus de citron jusqu'à complète dissolution de ce dernier. Portez à ébullition, puis ajoutez le zeste blanchi et laissez cuire 5 min à petits frémissements. Ôtez le sirop obtenu du feu, couvrez et laissez le citron infuser 30 min.

Réchauffez le sirop à feu très doux, sans laisser bouillir. Ajoutez le chocolat concassé et faites-le fondre en remuant doucement. Ôtez du feu et laissez tiédir.

Fouettez la crème liquide en chantilly très ferme, puis incorporez-la délicatement à la préparation précédente, en soulevant la masse de bas en haut.

Répartissez la préparation dans 6 coupes et réservez 2 h au réfrigérateur.

Servez les mousses saupoudrées de cacao et décorées des lanières de zeste de citron vert.

Mousses de broccio aux figues

Préparation : 15 min

Pour 4 personnes

250 g de broccio

10 cl de crème liquide très froide

30 g de sucre en poudre

2 c. à s. de liqueur de cédrat

3 c. à s. de confiture de figue

Dans un saladier, fouettez vivement le broccio jusqu'à obtention d'une consistance onctueuse. Ajoutez la confiture de figue et la liqueur de cédrat. Mélangez bien.

Fouettez la crème liquide en chantilly ferme, en ajoutant le sucre quand elle commence à être bien prise.

Incorporez délicatement la chantilly au broccio, en soulevant la masse de bas en haut.

Répartissez la préparation dans 4 coupes et réservez au réfrigérateur jusqu'au moment de servir.

Conseils

Accompagnez de figues poêlées ou fraîches.

Vous trouverez la liqueur de cédrat (cédratine) dans les magasins de produits corses.

Mousses de poire au gingembre confit

Préparation : 20 min
Réfrigération : 2 h minimum
Cuisson : 5 min

Pour 4 personnes

2 grosses poires (comices ou williams)

Le jus de 1 citron

2 blancs d'œuf

1 c. à s. de gingembre confit

1 c. à s. de gélatine en poudre

1 pincée de sel

50 g de sucre en poudre

50 cl d'eau

Hachez le gingembre confit aussi finement que possible. Lavez et pelez les poires. Coupez-les en quatre et épépinez-les. Arrosez-les aussitôt du jus de citron pour éviter que la chair ne noircisse.

Dans une casserole, mélangez l'eau et le sucre jusqu'à complète dissolution de ce dernier. Portez à ébullition jusqu'à obtention d'un sirop, puis plongez-y les quartiers de poire. Laissez-les cuire 5 min à petits frémissements : la chair doit rester ferme. Égouttez-les à l'aide d'une écumoire et épongez-les sur du papier absorbant.

Mixez les poires encore chaudes en purée. Saupoudrez la gélatine en surface, ajoutez le gingembre confit haché et mélangez bien. Laissez tiédir.

Battez les blancs d'œuf en neige très ferme avec le sel, puis incorporez-les délicatement à la purée de poires, en soulevant la masse de bas en haut.

Répartissez la préparation dans 4 coupes et réservez au moins 2 h au réfrigérateur avant de servir.

Mousses de fraise au basilic

Préparation : 20 min
Infusion : 30 min
Congélation : 15 min environ

Pour 4 personnes

400 g de fraises

Le jus de ½ citron

10 cl de crème liquide

10 feuilles de basilic
+ 4 c. à s. de basilic
finement ciselé

3 c. à s. de sucre en poudre

Portez la crème à frémissements dans une petite casserole. Ôtez du feu et ajoutez les feuilles de basilic et le basilic ciselé. Couvrez et laissez infuser jusqu'à complet refroidissement, soit 30 min environ.

Quand la préparation est froide, versez-la dans une jatte et placez-la une quinzaine de minutes au congélateur.

Rincez les fraises, séchez-les soigneusement et équeutez-les. Écrasez-les à la fourchette avec le jus de citron, puis ajoutez le sucre et mélangez bien.

Filtrez la crème au basilic à travers une passoire fine pour éliminer le basilic, puis fouettez-la en chantilly très ferme, en ajoutant le sucre quand elle commence à être bien prise. Incorporez-la délicatement à la purée de fraises, en soulevant la masse de bas en haut.

Répartissez la préparation dans 4 verres et réservez au réfrigérateur jusqu'au moment de servir.

Astuce

POUR PRÉSENTER JOLIMENT LES MOUSSES, DISPOSEZ DES LAMELLES DE FRAISE AU FOND DES VERRES AVANT D'Y VERSER LA PRÉPARATION ET SURMONTEZ DE FEUILLES DE BASILIC AU MOMENT DE SERVIR.

Crèmes brûlées au pain d'épices et à la badiane

Préparation : 20 min
Repos : 15 min
Cuisson : 30-40 min
Réfrigération : 2 h

Pour 4 crèmes

3 petites tranches de pain d'épices

25 cl de lait

25 cl de crème liquide

2 c. à s. de miel

4 c. à s. de sucre en poudre

6 jaunes d'œuf

1 étoile de badiane (anis étoilé)

4 c. à s. de cassonade

Retirez la croûte du pain d'épices et mixez-le en chapelure fine.

Dans une casserole, mélangez le lait, la crème et le miel jusqu'à homogénéité. Ajoutez la badiane et portez à ébullition.

Dans un saladier, fouettez les jaunes d'œuf avec le sucre jusqu'à ce que le mélange blanchisse. Délayez avec le lait bouillant, sans cesser de remuer, puis incorporez la chapelure de pain d'épices. Couvrez, laissez reposer 15 min, puis ôtez la badiane.

Préchauffez le four à 120 °C (th. 4).

Répartissez la préparation dans 4 ramequins, placez ceux-ci dans un bain-marie et enfournez pour 30 à 40 min : la surface des crèmes doit être juste ferme sous la pression. Laissez refroidir, puis réservez 2 h au réfrigérateur.

Au moment de servir, saupoudrez chaque crème de 1 cuillerée à soupe de cassonade et caramélisez la surface au chalumeau à pâtisserie ou sous le gril du four chaud.

Variante

REMPLACEZ LE MIEL PAR DU CARAMEL LIQUIDE.

Panna cotta aux raisins secs et au rhum

Préparation : 15 min
Macération : 1 h
Réfrigération : 4 h minimum

Pour 6 personnes

75 cl de crème liquide

100 g de sucre glace

6 feuilles de gélatine

10 cl de rhum brun

6 c. à s. de raisins secs

Mettez les raisins secs dans un bol, arrosez-les du rhum bouillant et laissez-les macérer 1 h. Faites ramollir les feuilles de gélatine dans un bol d'eau froide.

Dans une casserole, mélangez la crème avec le sucre glace jusqu'à complète dissolution de ce dernier. Portez à frémissements, puis ôtez du feu et ajoutez la gélatine égouttée, en remuant pour bien la faire fondre. Laissez refroidir.

Quand la crème commence à prendre, incorporez-y les raisins secs et l'alcool de macération.

Versez la préparation dans une coupe ou répartissez-la dans 6 coupes individuelles et réservez au moins 4 h au réfrigérateur avant de servir.

Conseil

Vous pouvez démouler ce dessert et l'accompagner d'une sauce au chocolat.

Pancakes canadiens au sirop d'érable

Préparation : 10 min
Repos : 1 h
Cuisson : 3-4 min par pancake

Pour 6 personnes

180 g de farine

2 œufs

25 cl de lait

40 g de beurre fondu

1 sachet de levure chimique

2 c. à s. de sucre roux

1 pincée de sel

Huile pour la poêle

Sirop d'érable pour servir

Dans un bol, battez les œufs en omelette avec le sel et le sucre roux.

Dans un saladier, mélangez la farine avec la levure et ménagez un puits au centre. Versez-y les œufs battus et commencez à mélanger. Puis délayez avec le lait, en remuant avec une spatule en bois, jusqu'à obtention d'une pâte lisse et assez épaisse. Ajoutez le beurre fondu en fouettant. Couvrez et laissez reposer 1 h à température ambiante.

Huilez une poêle à blinis et chauffez-la sur feu moyen. Versez-y 1 louchée de pâte et laissez cuire 2 min environ, jusqu'à ce que des petites bulles se forment à la surface et que le dessous soit bien doré. Retournez le pancake avec une spatule et faites dorer l'autre face 1 à 2 min.

Empilez les pancakes sur une assiette au fur et à mesure de leur cuisson et couvrez-les de papier d'aluminium. Maintenez-les au chaud dans le four préchauffé à 90 °C (th. 3) ou au-dessus d'une casserole d'eau frémissante.

Servez chaud, avec du sirop d'érable : chacun en arrosera ses pancakes selon son goût.

Conseil

Si vous ne disposez que d'une grande poêle, faites cuire 2 ou 3 pancakes à la fois. Faites une pâte assez épaisse, avec un peu moins de lait, pour qu'elle ne s'étale pas trop.

Crêpes aux mirabelles et au caramel d'orange

Préparation : 25 min
Repos : 2 h minimum
Cuisson : 20 min environ

Pour 4 personnes

Huile pour la poêle

400 g de mirabelles

Pour la pâte à crêpes :

150 g de farine

2 œufs

35 cl de lait

1 c. à s. de sucre en poudre (facultatif)

1 pincée de sel

Pour le caramel d'orange :

15 cl de jus d'orange frais

50 g de sucre en poudre

50 g de beurre

1 grosse pincée de cardamome moulue

Préparez la pâte à crêpes (voir page 156) et laissez-la reposer au moins 2 h à température ambiante.

Faites cuire 8 crêpes très fines dans une poêle anti-adhésive huilée de 20 cm de diamètre, 1 min environ de chaque côté. Empilez-les sur une assiette au fur et à mesure de leur cuisson et couvrez-les de papier d'aluminium. Maintenez-les au chaud dans le four préchauffé à 90 °C (th. 3) ou au-dessus d'une casserole d'eau frémissante.

Rincez les mirabelles, séchez-les, puis fendez-les et dénoyautez-les délicatement, de façon à préserver leur forme.

Préparez le caramel d'orange. Faites fondre le beurre dans une poêle. Quand il commence à mousser, ajoutez le sucre, la cardamome et le jus d'orange. Laissez cuire à feu vif 1 à 2 min, jusqu'à ce que le mélange commence à caraméliser : des petites bulles doivent se former en surface.

Ajoutez les mirabelles et faites-les cuire 2 à 3 min, en les roulant plusieurs fois dans le caramel pour bien les en enrober. Ôtez du feu.

Garnissez chaque crêpe d'un peu de mirabelles, puis pliez-la en quatre. Disposez les crêpes au fur et à mesure sur un grand plat. Nappez-les du reste de jus de cuisson des fruits et servez aussitôt.

Risotto au citron et à la menthe

Préparation : 10 min
Cuisson : 35 min

Pour 4 personnes

200 g de riz rond

50 cl de lait

10 cl de crème liquide

Le zeste finement râpé et le jus de 2 citrons non traités

120 g de sucre en poudre

2 c. à s. de menthe fraîche ciselée

Portez une grande casserole d'eau à ébullition, jetez-y le riz et faites-le cuire 3 min. Égouttez le riz et reversez-le dans la casserole avec le lait, le sucre et le zeste de citron. Portez à ébullition en remuant, puis laissez cuire à petits frémissements 30 min environ : les grains de riz doivent être tendres et avoir absorbé la quasi-totalité du lait. Ôtez du feu.

Ajoutez la crème et le jus de citron, en remuant jusqu'à homogénéité. Laissez refroidir.

Incorporez la menthe ciselée au risotto refroidi. Versez dans 4 coupes et réservez au réfrigérateur jusqu'au moment de servir.

Conseil

POUR CETTE RECETTE, CHOISISSEZ DU RIZ À RISOTTO : ARBORIO, CARNAROLI OU VIALE NANO.

Riz au lait de coco et aux épices

Préparation : 15 min
Cuisson : 40 min

Pour 4 personnes

200 g de riz long rond

100 g de beurre

50 cl de lait

50 cl de lait de coco

4 c. à s. de sucre en poudre

1 c. à c. d'épices moulues en mélange (cannelle, gingembre, noix muscade, girofle)

1 gousse de vanille

Versez le riz dans une passoire et rincez-le abondamment.

Portez le lait et le lait de coco à ébullition dans une casserole, avec la gousse de vanille fendue en deux dans la longueur, le sucre et les épices. Ajoutez le riz égoutté et, dès reprise de l'ébullition, ôtez du feu. Retirez la gousse de vanille et grattez les graines avec la pointe d'un couteau.

Préchauffez le four à 160 °C (th. 5-6). Beurrez généreusement 4 plats à gratin individuels. Répartissez-y le riz au lait, puis parsemez-les avec le reste de beurre coupé en parcelles.

Enfournez pour 40 min. Couvrez de papier d'aluminium si la surface dore trop rapidement. Servez tiède ou froid.

Conseil

Accompagnez d'une salade de fruits exotiques frais ou d'un coulis de mangue.

Perles de coco à la banane

Préparation : 5 min
Cuisson : 25-30 min

Pour 6 personnes

50 cl d'eau

2 c. à s. bombées de billes de tapioca au pandanus (dans les magasins asiatiques)

25 cl de lait de coco

2 bananes moyennes, très mûres

Le jus de ½ citron vert

3 c. à s. de sucre en poudre

Épluchez les bananes et éliminez les filaments. Coupez-les en fines rondelles et arrosez-les aussitôt du jus de citron vert pour éviter que la chair ne noircisse.

Portez l'eau à ébullition dans une casserole. Versez les billes de tapioca, puis baissez le feu et faites cuire 15 à 20 min, sans cesser de remuer, jusqu'à ce que les petites billes soient transparentes.

Ajoutez le lait de coco et poursuivez la cuisson 5 min environ, toujours en remuant.

Incorporez le sucre et les rondelles de banane. Faites encore cuire 4 à 5 min, sans cesser de remuer. Ôtez du feu.

Versez la préparation dans 6 coupes. Servez tiède ou froid.

Astuce

À DÉFAUT DE BILLES DE TAPIOCA, UTILISEZ DES PERLES DU JAPON DU COMMERCE (CHEZ LES TRAITEURS CHINOIS).

Verrines de nectarine à la semoule

Préparation : 25 min
Cuisson : 15 min
Réfrigération : 1 h

Pour 4 personnes

4 nectarines

200 g de sucre en poudre

50 cl d'eau

Pour la semoule :

25 cl de lait

1 jaune d'œuf

30 g de semoule de blé fine

1 c. à s. de sucre en poudre

1 gousse de vanille

Le zeste de 1 orange non traitée finement râpé

Pour le caramel à l'orange :

100 g de sucre en poudre

10 cl de jus d'orange frais

Plongez les nectarines 30 secondes dans l'eau bouillante, puis mettez-les aussitôt dans un récipient d'eau glacée. Pelez-les, coupez-les en deux et dénoyautez-les.

Dans une casserole, mélangez l'eau et le sucre jusqu'à complète dissolution de ce dernier. Portez à ébullition jusqu'à obtention d'un sirop, puis plongez-y les oreillons de nectarine. Laissez-les cuire 10 min environ : la chair doit être juste tendre. Égouttez-les à l'aide d'une écumoire et épongez-les sur du papier absorbant.

Préparez la semoule. Dans une casserole, faites bouillir le lait avec la gousse de vanille fendue en deux dans la longueur. Versez-y la semoule en pluie et faites cuire 1 min en remuant doucement avec un fouet. Ajoutez le sucre et le zeste d'orange, puis ôtez du feu. Retirez la gousse de vanille, grattez les graines avec la pointe d'un couteau et incorporez-les, ainsi que le jaune d'œuf. Laissez refroidir.

Préparez le caramel à l'orange. Dans une casserole, mélangez le jus d'orange et le sucre, puis portez à ébullition et laissez cuire 2 à 3 min à petits frémissements, jusqu'à obtention d'un caramel léger. Laissez refroidir.

Coupez les oreillons de nectarine en dés ou en fins quartiers. Répartissez-les dans 4 verres, puis recouvrez-les de semoule et réservez 1 h au réfrigérateur.

Au moment de servir, nappez du caramel à l'orange.

Granité pomelos-grenade

Préparation : 15 min
Congélation : 2 h

Pour 4 personnes

3 pomelos

5 c. à s. de miel liquide

1 belle grenade bien mûre

Pressez les pamplemousses de façon à obtenir 50 cl de jus. Filtrez-le à travers une passoire fine.

Chauffez légèrement le miel dans une petite casserole avec 2 cuillerées à soupe de jus de pamplemousse, pour bien le liquéfier, puis mélangez-le avec le reste de jus.

Coupez la grenade en deux. Prélevez les graines à l'aide d'une petite cuillère et séparez-les en retirant toutes les petites membranes.

Versez le jus de pamplemousse miellé dans un plat creux, assez haut, sur 3 à 4 cm de hauteur, et mettez à prendre au congélateur.

Lorsque la préparation commence à épaissir, sortez le plat du congélateur, parsemez la surface des graines de grenade et mélangez. Remettez au congélateur.

Laissez prendre de nouveau 15 min, puis grattez la surface avec une fourchette pour former des petits cristaux et remettez au congélateur. Renouvelez l'opération tous les quarts d'heure.

Au moment de servir, grattez une dernière fois la surface à la fourchette pour bien détacher les paillettes du granité et répartissez-le dans 4 jolis verres.

Astuce

Servez dans des verres bien glacés pour que le granité ne fonde pas trop vite : placez-les une quinzaine de minutes au congélateur.

Granité à la pomme et à la fleur d'oranger

Préparation : 15 min
Congélation : 2 h

Pour 4 personnes

2 pommes

20 cl de jus de pomme

60 g de sucre en poudre

Le jus de 1 citron

¼ de c. à c. d'eau de fleur d'oranger

1 pincée de cannelle en poudre

Dans une casserole, mélangez le jus de pomme et le sucre jusqu'à complète dissolution de ce dernier. Portez à ébullition jusqu'à obtention d'un sirop, puis ôtez du feu et laissez refroidir.

Lavez et pelez les pommes. Coupez-les en quatre et épépinez-les. Recoupez-les en cubes dans le bol d'un robot et arrosez-les aussitôt du jus de citron pour éviter que la chair ne noircisse. Mixez-les en purée fine.

Mélangez la purée de pommes avec le sirop refroidi, l'eau de fleur d'oranger et la cannelle. Versez le tout dans un plat creux, peu profond, sur 3 à 4 cm de hauteur, et mettez à prendre au congélateur.

Lorsque la préparation a épaissi, sortez le plat du congélateur, grattez la surface avec une fourchette pour former des petits cristaux, puis remettez au congélateur. Renouvelez l'opération tous les quarts d'heure.

Au moment de servir, grattez une dernière fois la surface à la fourchette pour bien détacher les paillettes du granité.

Sorbet à la verveine

Préparation : 10 min
Infusion : 10 min environ
Congélation : 2 h

Pour 4 personnes

3 c. à s. de feuilles de verveine

40 cl d'eau

50 g de sucre en poudre

10 cl de vin blanc doux

Le jus de ½ citron

½ blanc d'œuf

Dans une casserole, mélangez l'eau et le sucre jusqu'à complète dissolution de ce dernier. Portez à ébullition jusqu'à obtention d'un sirop léger, puis ôtez du feu. Ajoutez la verveine, couvrez et laissez infuser une dizaine de minutes. Filtrez à travers une passoire fine et laissez refroidir.

Ajoutez le vin, le jus de citron et le demi-blanc d'œuf légèrement battu. Mélangez bien et versez la préparation dans une sorbetière. Faites prendre 2 h au congélateur.

Variantes

DÉCLINEZ CE SORBET AVEC DU THYM, DE LA LAVANDE OU DU ROMARIN.

Sorbet à la mangue et aux deux poivres

Préparation : 15 min
Infusion : 30 min
Congélation : 2 h

Pour 4 personnes

500 g de chair de mangue

17,5 cl d'eau

180 g de sucre en poudre

5 grains de baies roses
+ quelques-uns pour le décor

5 grains de poivre du Sichuan

Concassez grossièrement les grains des deux poivres au moulin à épices ou au mixeur.

Dans une casserole, mélangez l'eau et le sucre jusqu'à complète dissolution de ce dernier. Portez à ébullition jusqu'à obtention d'un sirop léger, puis ôtez du feu. Ajoutez les grains de poivre concassés, couvrez et laissez infuser jusqu'à complet refroidissement, soit 30 min.

Découpez la chair de mangue en cubes et mixez-les en purée fine.

Filtrez le sirop poivré à travers une passoire fine. Puis mélangez-le avec la purée de mangue, en fouettant vivement jusqu'à homogénéité. Versez la préparation dans une sorbetière et faites prendre 2 h au congélateur.

Répartissez le sorbet dans 4 jolis verres et surmontez de quelques baies roses concassées.

Astuce

NE BROYEZ PAS LES GRAINS DE POIVRE TROP FINEMENT : ILS DOIVENT AVOIR L'ASPECT DU POIVRE MIGNONNETTE.

Sorbet au broccio et au citron

Préparation : 20 min
Cuisson : 5 min
Congélation : 2 h

Pour 4 personnes

500 g de broccio

220 g de sucre en poudre

30 cl d'eau

Le zeste de 1 citron non traité finement émincé

Faites blanchir le zeste de citron 1 min dans une petite casserole d'eau bouillante, puis égouttez-le. Renouvelez l'opération et réservez-le.

Dans une casserole, mélangez l'eau et le sucre jusqu'à complète dissolution de ce dernier. Portez à ébullition, puis ajoutez le zeste blanchi et laissez cuire 2 à 3 min à petits frémissements. Ôtez du feu et laissez refroidir le sirop obtenu.

Fouettez légèrement le broccio dans une jatte, puis incorporez-y le sirop au citron.

Versez la préparation dans une sorbetière et faites prendre 2 h au congélateur.

Variante

Vous pouvez remplacer le citron par de l'orange et ajouter 1 ou 2 c. à s. d'un alcool de Cointreau ou de Grand Marnier.

Crème glacée à la rose

Préparation : 15 min
Infusion : 30 min environ
Congélation : 2 h 15

Pour 4 personnes

25 cl de crème liquide

3 blancs d'œuf

70 g de sucre glace
+ un peu pour le décor

1 verre (20 cl) de pétales de rose

5 cl d'eau de rose

Quelques gouttes de jus de citron

Ciselez les pétales de rose (réservez-en quelques-uns pour le décor) aussi finement que possible.

Dans une casserole, mélangez la crème et les pétales de rose ciselés. Portez à frémissements, puis ôtez du feu et laissez infuser jusqu'à complet refroidissement, soit 30 min environ.

Filtrez la crème refroidie à travers une passoire fine. Versez-la dans un saladier et placez-la 15 min environ au congélateur. Quand elle est bien froide, fouettez-la en chantilly ferme, en incorporant le sucre glace quand elle commence à être bien prise. Ajoutez l'eau de rose, en mélangeant délicatement.

Battez les blancs d'œuf en neige ferme avec le jus de citron, puis incorporez-les délicatement à la chantilly, en soulevant la masse de bas en haut.

À l'aide d'une poche à douille, versez la préparation dans une coupe ou répartissez-la dans 4 coupes individuelles, en terminant par une spirale. Faites prendre 2 h au congélateur.

Au moment de servir, décorez des pétales de rose réservés et saupoudrez d'un peu de sucre glace.

Astuce

Pour colorer légèrement cette crème glacée, ajoutez 1 goutte de colorant alimentaire rouge en même temps que l'eau de rose (troisième étape).

Glace au lait d'amandes

Préparation : 20 min
Infusion : 15 min
Cuisson : 10-15 min
Congélation : 2 h

Pour 4 personnes

40 cl de lait entier

10 cl de crème liquide

6 jaunes d'œuf

60 g d'amandes en poudre

3 ou 4 gouttes d'extrait d'amande amère

60 g de sucre en poudre

Dans une casserole, chauffez le lait et la crème jusqu'à ce que la température soit juste supportable au doigt. Ajoutez la poudre d'amandes et l'extrait d'amande. Couvrez et laissez infuser 15 min. Puis portez à ébullition.

Dans un saladier, fouettez les jaunes d'œuf avec le sucre jusqu'à ce que le mélange blanchisse. Délayez avec le lait d'amandes bouillant, en remuant avec une cuillère en bois, puis reversez le tout dans la casserole. Faites épaissir à feu doux, sans cesser de remuer, 10 à 15 min : vous devez obtenir une crème onctueuse, qui nappe la cuillère. Ôtez-la du feu et versez-la dans un saladier en la filtrant à travers une passoire fine.

Laissez refroidir, en mélangeant de temps en temps pour éviter la formation d'une pellicule en surface. Puis versez la crème dans une sorbetière et faites prendre 2 h au congélateur.

Conseil

Servez cette glace fondante parsemée d'amandes concassées légèrement caramélisées, pour un savoureux contraste des textures.

Glace au pain d'épices

Préparation : 20 min
Cuisson : 10-15 min
Congélation : 2 h

Pour 4 personnes

50 cl de lait

3 tranches de pain d'épices

6 jaunes d'œuf

50 g de sucre en poudre

1 c. à s. de miel liquide

Émiettez grossièrement le pain d'épices dans une casserole. Ajoutez le lait et le miel, puis portez à ébullition. Ôtez du feu et mixez jusqu'à obtention d'un mélange fluide et épais. Reversez dans la casserole et portez de nouveau à ébullition.

Dans un saladier, fouettez les jaunes d'œuf avec le sucre et le miel jusqu'à ce que le mélange blanchisse. Délayez avec le lait au pain d'épices bouillant, en remuant avec une cuillère en bois, puis reversez le tout dans la casserole. Faites épaissir à feu doux, sans cesser de remuer, 10 à 15 min : vous devez obtenir une crème onctueuse, qui nappe la cuillère. Ôtez du feu et laissez refroidir, en mélangeant de temps en temps pour éviter la formation d'une pellicule en surface.

Versez la préparation dans une sorbetière et faites prendre 2 h au congélateur.

Conseil

Mixez longuement le pain d'épices avec le lait pour qu'il ne reste pas de petits morceaux. Le mélange doit être parfaitement onctueux.

Sundae vanille-caramel aux noix de pécan

Préparation : 15 min (à l'avance) + 5 min (pour la mise en place)

Pour 4 personnes

4 boules de glace à la vanille

4 boules de glace au caramel

4 c. à s. de noix de pécan

2 c. à s. de sucre en poudre

10 cl de crème liquide très froide ou 1 petite bombe de chantilly

1 c. à s. de sucre glace

Pour le caramel :

150 g de sucre en poudre

4 c. à s. d'eau

1 c. à c. de jus de citron

Pour la sauce au caramel :

Les 2/3 du caramel préparé

20 cl de crème liquide

Faites dorer les noix de pécan à feu doux dans une poêle antiadhésive, puis saupoudrez-les du sucre en poudre et laissez-les caraméliser quelques minutes en remuant souvent. Ôtez du feu et laissez refroidir.

Préparez le caramel. Dans une petite casserole, chauffez le sucre à petits bouillons avec l'eau et le jus de citron jusqu'à ce qu'il prenne une jolie couleur dorée. Arrêtez la cuisson en plongeant le fond de la casserole dans un récipient d'eau froide. Réservez le tiers du caramel dans un verre.

Préparez la sauce. Versez la crème dans la casserole contenant le reste de caramel et remuez jusqu'à dissolution complète de ce dernier.

Si vous préparez vous-même la chantilly, fouettez la crème liquide jusqu'à ce qu'elle forme des pics bien fermes, puis incorporez-y délicatement le sucre glace.

Au dernier moment, répartissez la sauce au caramel dans 4 jolis verres, puis déposez 1 boule de glace à la vanille et 1 boule de glace au caramel dans chacun. Répartissez ensuite les noix de pécan caramélisées et recouvrez de chantilly, éventuellement à l'aide d'une poche à douille. Terminez par 1 filet du caramel réservé.

Semifreddo aux framboises

Préparation : 20 min
Congélation : 3 h minimum

Pour 4 personnes

250 g de framboises
+ quelques-unes pour le décor

30 cl de crème liquide
très froide

30 g de sucre glace

120 g de meringue

Triez avec soin les framboises. Coupez la meringue en petits morceaux. Tapissez un moule à charlotte de 1,2 litre de contenance de film alimentaire en le laissant largement dépasser.

Mixez les framboises avec 10 cl de crème liquide et la moitié du sucre glace, jusqu'à obtention d'une purée lisse.

Fouettez le reste de crème liquide en chantilly ferme, en ajoutant le reste de sucre glace quand elle commence à être bien prise. Incorporez-y délicatement la purée de framboises, en soulevant la masse de bas en haut. Ajoutez les morceaux de meringue, toujours en mélangeant délicatement.

Versez la préparation dans le moule et rabattez hermétiquement le film alimentaire. Faites prendre au moins 3 h au congélateur.

Au moment de servir, retournez le moule sur un plat, ôtez le film alimentaire et coupez en parts. Décorez de quelques framboises.

Astuce

Si vous ne tapissez pas votre moule de film alimentaire, trempez-le rapidement dans l'eau chaude, puis retournez-le sur le plat de service. Ainsi, votre semifreddo se démoulera sans difficulté.

Remerciements

Ulrike Skadow remercie les magasins suivants pour leur aimable prêt de vaisselle et accessoires :

Création 13 – 46, rue des Moines, 75017 Paris.

De l'Office à la Table – 26, rue des Batignolles, 75017 Paris.

Isabelle Delin pour la galerie **Antigravité** – 80, rue Legendre, 75017 Paris.

Terrenga – 31, rue La Condamine, 75017 Paris.

Édition du Club France Loisirs, Paris
avec l'autorisation des Éditions Solar

ISBN : 978-2-298-00157-0
N° éditeur : 50200
Dépôt légal : août 2007

France Loisirs
123, boulevard de Grenelle, Paris
www.france-loisirs.com

Achevé d'imprimer par N.I.I.A.G. Italie
En novembre 2007
pour le compte de France Loisirs.

Marquise au chocolat

Préparation : 30 min
Réfrigération : 12 h

Pour 8 personnes

400 g de chocolat noir
à 70 % de cacao

4 œufs extra-frais

175 g de beurre

150 g de sucre en poudre

1 pincée de sel

Cacao en poudre et crème
anglaise pour servir

Tapissez un moule à cake de 22 cm de long de film alimentaire en le laissant largement dépasser. Cassez les œufs en séparant les blancs des jaunes : mettez les blancs dans un saladier et les jaunes dans un bol. Coupez le beurre en morceaux dans un saladier et laissez-le ramollir.

Cassez le chocolat en petits morceaux dans une jatte et faites-le fondre au bain-marie à feu doux, en remuant jusqu'à obtention d'une crème lisse.

Fouettez le beurre mou avec le sucre au batteur électrique, à vitesse lente, jusqu'à ce que le mélange soit mousseux et onctueux. Sans cesser de fouetter, ajoutez progressivement les jaunes d'œuf, puis le chocolat fondu.

Battez les blancs en neige ferme avec le sel et incorporez-les délicatement à la préparation précédente, en soulevant la masse de bas en haut.

Versez la préparation dans le moule, lissez la surface à la spatule et rabattez hermétiquement le film alimentaire. Réservez 12 h au réfrigérateur.

Au moment de servir, retournez le moule sur un plat et retirez le film alimentaire. Saupoudrez légèrement la marquise de cacao, en le tamisant à travers une passoire fine. Servez avec une crème anglaise.

Conseil

LE MOULE À CAKE EST LE MIEUX ADAPTÉ POUR COUPER LA MARQUISE EN TRANCHES ET LA SERVIR DIRECTEMENT DANS L'ASSIETTE, SUR UNE CRÈME ANGLAISE OU UN COULIS D'ORANGE OU DE FRUITS ROUGES.

Soufflé au cacao

Préparation : 20 min
Réfrigération : 10 min
Cuisson : 35 min environ

Pour 6 personnes

30 cl de lait

120 g de sucre en poudre
+ un peu pour le moule

6 œufs

35 g de Maïzena

30 g de cacao en poudre

1 pincée de sel

Beurre mou pour le moule

Cassez les œufs dans deux saladiers en séparant les blancs des jaunes.

Dans une casserole, mélangez le cacao avec 30 g de sucre puis délayez avec le lait. Portez à ébullition.

Fouettez les jaunes d'œuf avec 60 g de sucre et la Maïzena jusqu'à ce que le mélange blanchisse et soit bien mousseux. Délayez avec le lait cacaoté bouillant,en remuant avec une cuillère en bois, puis reversez le tout dans la casserole. Faites épaissir 5 à 10 min à feu doux, sans cesser de remuer. Ôtez du feu et laissez tiédir.

Préchauffez le four à 200 °C (th. 6-7). Enduisez un moule à soufflé de 18 cm de diamètre d'une première couche de beurre, placez-le 10 min au réfrigérateur, puis beurrez-le de nouveau. Saupoudrez ses parois avec le reste de sucre.

Battez les blancs d'œuf en neige ferme avec le sel, puis incorporez-les délicatement à la préparation précédente, en soulevant la masse de bas en haut.

Versez la préparation dans le moule et enfournez pour 5 min, puis baissez la température à 180 °C (th. 6) et poursuivez la cuisson 30 min environ : le soufflé doit être bien gonflé. Servez aussitôt.

Variante

Pour des soufflés individuels, diminuez le temps de cuisson d'une dizaine de minutes.

Zuppa inglese

Préparation : 25 min
Cuisson : 3-4 min

Pour 4 personnes

250 g de génoise

140 g de fruits confits coupés en dés

10 cl de crème liquide très froide

4 c. à s. de rhum brun

1 c. à s. de sucre glace

Pour la crème au citron :

5 jaunes d'œuf

50 cl de lait

2 c. à s. de Maïzena

2 c. à s. de sucre en poudre

1 c. à c. de zeste de citron non traité finement râpé

Préparez la crème au citron. Dans une casserole, mélangez les jaunes d'œuf avec le sucre en poudre et la Maïzena, puis délayez avec le lait, sans cesser de remuer. Ajoutez le zeste de citron, portez à ébullition, puis baissez le feu et faites épaissir 3 à 4 min à petits frémissements, sans cesser de remuer. Ôtez du feu et laissez refroidir.

Coupez la génoise en petits cubes, mettez-les dans une jatte et arrosez-les du rhum. Mélangez, puis répartissez-les dans 4 jolies coupes. Recouvrez avec la moitié de la crème au citron et une couche de fruits confits, puis renouvelez l'opération et placez au réfrigérateur jusqu'au moment de servir.

Juste avant de servir, fouettez la crème liquide en chantilly ferme, en ajoutant le sucre glace quand elle commence à être bien prise. Répartissez-la à la surface des coupes, éventuellement à l'aide d'une poche à douille.

Crèmes brûlées au chocolat

Préparation : 20 min
Cuisson : 30-40 min
Réfrigération : 2 h

Pour 4 crèmes

100 g de chocolat noir
à 70 % de cacao

20 cl de lait entier

30 cl de crème liquide

6 jaunes d'œuf

2 c. à s. de cacao en poudre

100 g de sucre en poudre

4 c. à s. de cassonade

Préchauffez le four à 120 °C (th. 4).

Cassez le chocolat en morceaux dans une jatte et faites-le fondre au bain-marie à feu doux, en remuant jusqu'à obtention d'une crème lisse.

Dans une casserole, délayez le cacao avec le lait, puis ajoutez la crème et portez à ébullition. Ôtez du feu et ajoutez le chocolat fondu, en mélangeant bien.

Dans un saladier, fouettez les jaunes d'œuf avec le sucre en poudre jusqu'à ce que le mélange blanchisse, puis incorporez le lait chocolaté chaud.

Répartissez la préparation dans 4 ramequins, placez ceux-ci dans un bain-marie et enfournez pour 30 à 40 min : les crèmes doivent être juste prises. Laissez refroidir, puis réservez 2 h au réfrigérateur.

Au moment de servir, saupoudrez chaque crème de 1 cuillerée à soupe de cassonade et caramélisez la surface au chalumeau.

Astuce

Avant cuisson, vous pouvez incorporer un autre élément à votre crème au chocolat : pistaches, noix, noisettes, riz soufflé ou pop-corn.

Crèmes brûlées passion

Préparation : 20 min
Cuisson : 40-45 min
Réfrigération : 2 h

Pour 4 personnes

8 fruits de la Passion bien mûrs

20 cl de jus d'orange

5 jaunes d'œuf

8 c. à s. de sucre en poudre

15 cl de crème liquide

Préchauffez le four à 120 °C (th. 4).

Coupez les fruits de la Passion en deux et prélevez leur pulpe à l'aide d'une petite cuillère. Mettez-la dans une passoire fine posée au-dessus d'un bol et pressez fortement avec le dos d'une cuillère pour recueillir leur jus.

Dans un saladier, fouettez les jaunes d'œuf avec la moitié du sucre jusqu'à ce que le mélange blanchisse. Ajoutez la crème, le jus des fruits de la Passion et le jus d'orange, sans cesser de fouetter. Passez le mélange au chinois.

Répartissez la préparation dans 4 ramequins, placez ceux-ci dans un bain-marie et enfournez pour 40 à 45 min : la surface des crèmes doit être juste ferme sous la pression. Laissez refroidir, puis réservez 2 h au réfrigérateur.

Au moment de servir, saupoudrez les crèmes avec le reste de sucre et caramélisez la surface au chalumeau ou sous le gril du four chaud.

Variante

Remplacez le jus d'orange par la même quantité de jus d'ananas ou de mangue.

Bavarois aux fruits caramélisés

Préparation : 30 min
Cuisson : 10-15 min
Réfrigération : 4 h

Pour 8 à 10 personnes

4 pommes (golden ou reine des reinettes)

80 g de sucre en poudre

6 feuilles de gélatine

20 cl de crème liquide très froide

Pour la crème anglaise :

50 cl de lait

1 gousse de vanille

6 jaunes d'œuf

60 g de sucre en poudre

Pour le décor :

Quelques tranches de pomme séchées (voir page 157)

Préparez la crème anglaise (voir page 157) et laissez-la refroidir. Tapissez un moule à bavarois de film alimentaire en le laissant largement dépasser.

Faites ramollir les feuilles de gélatine dans un bol d'eau froide. Étalez le sucre dans une assiette.

Lavez et pelez les pommes. Coupez-les en petits quartiers et épépinez-les. Faites chauffer une grande poêle antiadhésive à feu moyen. Roulez les quartiers de pomme dans le sucre, mettez-les au fur et à mesure dans la poêle et faites-les caraméliser 2 min. Retournez-les doucement, faites-les dorer 2 min de l'autre côté, puis retirez-les et laissez-les tiédir. Si besoin, procédez en plusieurs fois, en essuyant à chaque fois la poêle avec du papier absorbant. Mixez les pommes caramélisées en purée.

Égouttez la gélatine, faites-la fondre à feu doux dans une petite casserole avec 1 cuillerée à soupe d'eau, puis incorporez-la à la purée de pommes. Laissez refroidir.

Mélangez la purée de pommes et la crème anglaise.

Fouettez la crème liquide en chantilly ferme et incorporez-la délicatement à la préparation précédente. Versez la préparation dans le moule. Rabattez hermétiquement le film alimentaire et réservez 4 h au réfrigérateur.

Démoulez le bavarois sur un plat de service, ôtez le film alimentaire et décorez des tranches de pomme séchées.

Bavarois aux fruits exotiques

Préparation : 45 min
Réfrigération : 4 h

Pour 8 à 10 personnes

½ ananas (500 g de pulpe)

6 gros fruits de la Passion bien mûrs

Le zeste de 1 orange non traitée finement râpé

20 cl de jus d'orange frais

120 g de sucre en poudre

200 g de mascarpone

20 cl de crème liquide très froide

4 œufs

5 feuilles de gélatine

Quelques gouttes de jus de citron

Huile pour le moule

Pour le décor :

Quelques physalis

Pelez l'ananas, coupez-le en quatre, puis ôtez les yeux et le cœur. Coupez 6 fines lamelles pour garnir le moule, puis hachez finement le reste de la chair au couteau. Coupez les fruits de la Passion en deux et prélevez leur pulpe à l'aide d'une petite cuillère. Mettez-la dans une passoire fine posée au-dessus d'un bol et pressez fortement avec le dos d'une cuillère pour recueillir leur jus.

Cassez les œufs dans deux saladiers en séparant les blancs des jaunes. Faites ramollir la gélatine dans un bol d'eau froide, puis égouttez-la et faites-la fondre à feu doux dans une petite casserole avec le jus d'orange. Ôtez du feu.

Dans un saladier, mélangez l'ananas haché avec le zeste d'orange, la gélatine au jus d'orange et le jus de fruits de la Passion.

Fouettez les jaunes d'œuf avec le sucre jusqu'à ce que le mélange blanchisse. Ajoutez le mascarpone, sans cesser de fouetter, puis les fruits et leur jus. Laissez refroidir : la préparation doit être presque prise.

Fouettez la crème liquide en chantilly ferme et incorporez-la délicatement à la préparation précédente. Fouettez ensuite les blancs en neige ferme avec le jus de citron et incorporez-les.

Huilez légèrement un moule à manqué de 20 cm de diamètre et tapissez-le de film alimentaire en le laissant largement dépasser. Disposez les lamelles d'ananas réservées contre les parois du moule, puis versez-y la préparation. Rabattez le film alimentaire et réservez 4 h au réfrigérateur.

Démoulez le bavarois sur un plat de service, ôtez le film alimentaire et décorez avec les physalis.

Panna cotta au limoncello

Préparation : 30 min
Cuisson : 5 min
Réfrigération : 2 h

Pour 6 personnes

75 cl de crème liquide

300 g de sucre en poudre

2 citrons non traités

10 cl de limoncello

8 feuilles de gélatine

10 cl d'eau

Brossez soigneusement un des citrons sous l'eau courante, essuyez-le, puis râpez-en finement le zeste. Faites ramollir les feuilles de gélatine dans un bol d'eau froide.

Pelez les deux citrons à vif. Prélevez les quartiers au couteau en coupant entre les morceaux de membrane transparente qui les enveloppe.

Dans une casserole, mélangez l'eau avec 200 g de sucre jusqu'à complète dissolution de ce dernier. Portez à ébullition jusqu'à obtention d'un sirop, puis faites-y confire les quartiers de citron 5 min à petits frémissements. Retirez-les délicatement à l'aide d'une écumoire et égouttez-les sur du papier absorbant. Réservez-les pour le décor.

Dans une autre casserole, portez la crème à frémissements avec le reste de sucre et le zeste de citron, à feu doux, en remuant. Ôtez du feu. Ajoutez la gélatine égouttée, en remuant bien pour la faire fondre, puis incorporez le limoncello. Laissez refroidir.

Quand la crème commence à épaissir, versez-la dans 6 jolis verres. Réservez 2 h au réfrigérateur.

Servez décoré des quartiers de citron confits.

Variante

Le limoncello est une liqueur italienne au citron. Vous pouvez le remplacer par la même quantité de jus de citron et ajouter un peu de marc.

Miroir à la mangue

Préparation : 30 min
Réfrigération : 4 h

Pour 8 personnes

800 g de mangues environ (pour 400 g de chair)

40 cl de crème liquide très froide

Le jus de 1 citron vert

6 feuilles de gélatine

140 g de sucre en poudre

5 cl d'eau

Nappage

Faites ramollir les feuilles de gélatine dans un bol d'eau froide. Tapissez un moule à manqué de 23 cm de diamètre de film alimentaire (ou mouillez-le et égouttez-le) en le laissant largement dépasser.

Dans une casserole, mélangez l'eau et le sucre jusqu'à complète dissolution de ce dernier. Portez à ébullition jusqu'à obtention d'un sirop, puis ôtez du feu. Ajoutez la gélatine égouttée, en remuant bien pour la faire fondre. Réservez.

Pelez les mangues, coupez la chair en cubes en tournant autour des noyaux, puis mixez-la en purée fine. Conservez-en 400 g et réservez le reste éventuel à une autre utilisation.

Mélangez les 400 g de purée de mangues avec le sirop et le jus de citron vert.

Fouettez la crème liquide en chantilly ferme et incorporez-la délicatement à la préparation précédente, en soulevant la masse de bas en haut.

Versez la préparation dans le moule, rabattez hermétiquement le film alimentaire et réservez 4 h au réfrigérateur.

Démoulez le bavarois sur un plat de service et ôtez le film alimentaire.

Chauffez très légèrement le nappage pour le liquéfier et recouvrez-en la surface du bavarois. Remettez au frais jusqu'au moment de servir.

Miroir au cassis et à la pomme verte

Préparation : 1 h
Réfrigération : 4 h
Congélation : 10 min

Pour 8 à 10 personnes

Pour le bavarois à la pomme :

4 pommes vertes (granny-smith)

20 cl de jus de citron

20 cl de crème liquide très froide

4 feuilles de gélatine

40 cl de lait entier

100 g de sucre en poudre

6 jaunes d'œuf

Pour le bavarois au cassis :

30 cl de coulis de cassis

25 cl de crème liquide très froide

15 cl de lait entier

60 g de sucre en poudre

3 feuilles de gélatine

Pour le décor :

150 g de gelée d'abricot (facultatif)

Quelques grains de cassis et de groseilles

Préparez le bavarois à la pomme. Faites ramollir les feuilles de gélatine dans un bol d'eau froide.

Préparez une crème anglaise (voir page 157) avec le lait, la crème, les jaunes d'œuf et le sucre, puis incorporez-y la gélatine égouttée. Laissez refroidir.

Lavez et pelez les pommes. Coupez-les en quatre, épépinez-les et mixez-les avec le jus de citron. Incorporez le coulis obtenu à la crème anglaise refroidie.

Fouettez la crème liquide en chantilly ferme et incorporez-la délicatement à la préparation précédente. Mouillez l'intérieur d'un moule à manqué de 22 cm de diamètre à bord haut, versez-y la préparation et réservez 2 h au réfrigérateur.

Quand le bavarois à la pomme a presque fini de prendre, préparez celui au cassis. Faites ramollir la gélatine dans de l'eau froide, puis égouttez-la et faites-la fondre dans le lait chaud. Ajoutez le sucre et le coulis de cassis.

Fouettez la crème liquide en chantilly ferme et incorporez-la délicatement à la préparation précédente.

Sortez le bavarois à la pomme du réfrigérateur et versez la préparation au cassis dessus. Réfrigérez de nouveau 2 h.

Démoulez le miroir sur un plat de service. Placez-le une dizaine de minutes au congélateur.

Chauffez éventuellement la gelée d'abricot pour la liquéfier et nappez-en la surface du miroir. Décorez-le des grains de cassis et de groseilles. Réservez au frais jusqu'au moment de servir.

Terrine de pêches blanches et fraises en gelée mentholée

Préparation : 45 min
Infusion : 10 min
Réfrigération : 2 h minimum

Pour 6 à 8 personnes

1,4 kg de pêches blanches

400 g de fraises

50 cl d'eau

Le jus de 1 citron

100 g de sucre en poudre

5 feuilles de gélatine

6 c. à s. de menthe fraîche ciselée

Coulis de fraises pour servir

Dans une casserole, mélangez l'eau et le sucre jusqu'à complète dissolution de ce dernier. Ajoutez le jus de citron et portez à ébullition jusqu'à obtention d'un sirop. Ôtez du feu. Ajoutez la moitié de la menthe ciselée, couvrez et laissez infuser 10 min. Filtrez la préparation à travers une passoire fine.

Plongez les pêches 30 secondes dans une casserole d'eau bouillante, puis égouttez-les et pelez-les. Coupez-les en quatre et dénoyautez-les.

Faites tremper les feuilles de gélatine dans un bol d'eau froide. Mettez un moule à cake de 23 cm de long à refroidir au congélateur.

Portez de nouveau le sirop à la menthe à ébullition et faites-y pocher les quartiers de pêche 5 à 10 min : la chair doit être juste tendre. Retirez-les avec une écumoire et égouttez-les sur du papier absorbant.

Ajoutez la gélatine égouttée au sirop chaud, en remuant bien pour la faire fondre. Puis incorporez le reste de menthe ciselée et laissez refroidir.

Versez 1 cm de gelée dans le fond du moule, inclinez-le en tous sens pour bien en recouvrir les parois et réservez au réfrigérateur jusqu'à ce que la gelée soit prise. Rincez et séchez les fraises, puis équeutez-les. Laissez les plus petites entières et coupez les autres en morceaux.

Remplissez le moule en alternant une couche de pêches, une couche de gelée, une couche de fraises, une couche de gelée et ainsi de suite jusqu'à épuisement des ingrédients. Réservez au moins 2 h au réfrigérateur.

Pour démouler la terrine, trempez rapidement le moule dans de l'eau chaude et retournez-le sur un plat. Servez avec le coulis de fraises.

Beignets martiniquais du mardi gras

Préparation : 15 min
Cuisson : 2 min environ par bain

Pour 40 beignets environ

250 g de farine

80 g de sucre en poudre

3 jaunes d'œuf + 2 blancs

50 g de beurre fondu

10 cl d'eau

5 cl de rhum brun

Le zeste de ½ citron vert non traité finement râpé

1 gousse de vanille

1 pincée de noix muscade râpée

1 grosse pincée de cannelle en poudre

1 pincée de sel

Huile de friture

Sucre glace pour servir

Dans un saladier, mélangez la farine avec le sucre en poudre et le sel. Ménagez un puits au centre. Versez-y successivement les jaunes d'œuf, le beurre fondu et le rhum, en mélangeant vivement avec une cuillère en bois. Puis délayez avec l'eau.

Fendez la gousse de vanille en deux dans la longueur et grattez ses graines au-dessus du saladier. Ajoutez le zeste de citron vert, la muscade et la cannelle.

Faites chauffer un bain d'huile de friture à 180 °C. Fouettez les blancs d'œuf en neige ferme et incorporez-les délicatement à la pâte, en soulevant la masse de bas en haut.

Prélevez quelques cuillerées à café de la pâte obtenue et faites-les glisser dans l'huile chaude. Laissez frire les beignets jusqu'à ce qu'ils soient bien dorés, en les retournant une ou deux fois avec une écumoire.

Sortez les beignets de la friture au fur et à mesure de leur cuisson, à l'écumoire, et égouttez-les sur du papier absorbant. Laissez-les refroidir et servez-les saupoudrés de sucre glace.

Aumônières orange-rhubarbe

Préparation : 30 min
Repos : 2 h minimum
Cuisson : 25 min environ

Pour 6 personnes

Huile pour la poêle

Pour la pâte à crêpes :

250 g de farine

3 œufs

50 cl de lait

40 g de beurre

Le zeste de ½ orange non traitée finement râpé

½ c. à c. de sel

2 c. à s. de sucre en poudre (facultatif)

Pour la sauce :

20 cl de jus d'orange frais

1 c. à c. de Maïzena

4 c. à s. de sucre en poudre

Pour la garniture :

600 g de rhubarbe

10 cl de jus d'orange frais

170 g de sucre en poudre

Préparez la pâte à crêpes (voir page 156) et ajoutez-y le zeste d'orange. Laissez-la reposer au moins 2 h au réfrigérateur.

Faites cuire 12 crêpes très fines dans une poêle anti-adhésive huilée de 24 cm de diamètre, 1 min environ de chaque côté. Empilez-les sur une assiette au fur et à mesure de leur cuisson et réservez-les.

Préparez la sauce. Dans une casserole, faites chauffer le jus d'orange et le sucre à feu doux, en remuant jusqu'à complète dissolution de ce dernier. Ajoutez la Maïzena délayée dans 1 cuillerée à soupe d'eau froide, puis laissez frémir 1 à 2 min, jusqu'à ce que le mélange épaississe. Versez dans un bol et placez au réfrigérateur jusqu'au moment de servir.

Préparez la garniture. Lavez les tiges de rhubarbe et ôtez-en les bouts. Pelez-les avec un couteau économe et coupez-les en petits tronçons de 2 cm environ.

Dans une casserole, faites chauffer le jus d'orange et le sucre à feu doux, en remuant jusqu'à complète dissolution de ce dernier. Aux premiers frémissements, ajoutez la rhubarbe, mélangez bien et faites cuire 10 min environ à feu moyen, en remuant de temps en temps, jusqu'à ce que tout le liquide de végétation soit évaporé : vous devez obtenir une compote assez épaisse. Laissez refroidir.

Garnissez chaque crêpe d'un peu de compote de rhubarbe, puis refermez-la en aumônière en la vrillant légèrement. Couvrez-les d'un film alimentaire et placez-les au réfrigérateur jusqu'au moment de servir.

Nappez les assiettes de sauce à l'orange et dressez une aumônière au centre. Servez très frais.

Compote de Noël du Pays basque

Préparation : 20 min
Macération : 2 h
Cuisson : 20-30 min

Pour 4 personnes

250 g de pommes

250 g de poires

8 pruneaux

8 figues sèches

50 g d'abricots secs

100 g de sucre en poudre

25 cl de vin blanc doux

25 cl d'eau

1 petit morceau de bâton de cannelle

1 quartier de citron

1 clou de girofle

Mettez les pruneaux, les figues et les abricots dans un saladier.

Dans une casserole, portez l'eau et le vin à ébullition avec la cannelle, le girofle et le quartier de citron.

Versez le liquide bouillant sur les fruits secs, couvrez et laissez macérer pendant 2 h.

Transvasez le contenu du saladier dans une sauteuse et faites cuire à feu doux de 20 à 30 min : les fruits secs doivent être bien tendres. Veillez cependant à ce que l'évaporation ne soit pas trop importante et ajoutez un peu d'eau si nécessaire : la préparation doit toujours rester humide.

Pendant ce temps, lavez et pelez les pommes et les poires. Coupez-les en quatre et épépinez-les. Ajoutez-les dans la sauteuse et poursuivez la cuisson 10 min environ : la chair doit être fondante. Ôtez du feu, retirez les aromates et laissez refroidir.

Versez la compote refroidie dans une coupe et placez au réfrigérateur jusqu'au moment de servir.

Framboises en sabayon

Préparation : 15 min
Cuisson : 10-30 secondes

Pour 4 personnes

500 g de framboises

2 jaunes d'œuf

50 g de sucre en poudre

12 cl de vin blanc
ou de champagne

Triez les framboises et répartissez-les dans 4 poêlons individuels.

Préchauffez le gril du four.

Dans un petit saladier, fouettez les jaunes d'œuf avec le sucre jusqu'à ce que le mélange blanchisse.

Placez le saladier dans un bain-marie juste frémissant et ajoutez petit à petit le vin (ou le champagne), sans cesser de fouetter. Laissez épaissir en battant : le mélange doit devenir mousseux et doubler de volume.

Quand le sabayon coule comme un ruban des branches du fouet, versez-le sur les framboises. Passez les poêlons quelques secondes sous le gril chaud pour dorer la surface et servez aussitôt.

Variante

SI VOUS DESTINEZ CE DESSERT À DES ENFANTS, REMPLACEZ LE VIN BLANC OU LE CHAMPAGNE PAR DE LA CRÈME LIQUIDE.

Paskha

Préparation : 40 min
Réfrigération : 48 h

Pour 8 personnes

2 kg de fromage blanc
en faisselle

40 cl de crème fraîche épaisse

100 g de beurre mou

4 jaunes d'œuf

Le zeste de 1 citron non traité
finement râpé

250 g de sucre en poudre

100 g de fruits confits
coupés en dés

80 g d'amandes effilées

80 g de raisins secs

Pour le décor :

Fruits confits (cerises, bâtons
d'angélique, écorces d'orange)

Posez une passoire fine sur un saladier, tapissez-la d'une étamine et versez-y le fromage blanc. Rabattez l'étamine, posez dessus une assiette de diamètre légèrement inférieur à celui de la passoire et lestez avec un poids. Laissez égoutter 24 h au réfrigérateur.

Le lendemain, mélangez le fromage blanc et la crème au fouet à main dans un saladier. Dans une jatte, fouettez les jaunes d'œuf avec le sucre jusqu'à ce que le mélange blanchisse, puis incorporez le tout à la préparation précédente. Ajoutez le zeste de citron et mélangez bien.

Passez la préparation au moulin à légumes muni de la grille fine, avec le beurre. Puis fouettez vivement le tout pendant 4 à 5 min. Ajoutez les raisins secs, les dés de fruits confits et les amandes effilées.

Tapissez de nouveau la passoire d'une étamine et versez-y la préparation. Couvrez avec l'assiette et le poids. Laissez de nouveau égoutter 24 h au réfrigérateur.

Retournez la paskha sur un plat, ôtez l'étamine et décorez avec les fruits confits. Placez au réfrigérateur jusqu'au moment de servir.

Conseil

Ce gâteau de Pâques russe était traditionnellement confectionné dans un moule en bois pyramidal. Votre paskha aura la forme de la passoire dans laquelle s'effectuera le second égouttage : vous pouvez choisir n'importe quel récipient, pourvu qu'il soit percé.

Sorbet de fruits exotiques aux agrumes

Préparation : 20 min
Congélation : 2 h

Pour 4 personnes

1 banane moyenne

2 fruits de la Passion

150 g de chair de mangue

150 g de chair d'ananas frais

Le jus de 1 citron

100 g de sucre glace

10 cl de jus d'orange frais

Dans une petite casserole, mélangez le jus d'orange et le sucre glace jusqu'à complète dissolution de ce dernier. Portez à ébullition jusqu'à obtention d'un sirop léger, puis ôtez du feu et laissez refroidir.

Coupez les fruits de la Passion en deux et prélevez leur pulpe à l'aide d'une petite cuillère. Mettez-la dans une passoire fine posée au-dessus d'un bol et pressez fortement avec le dos d'une cuillère pour recueillir leur jus.

Pelez la banane et coupez-la en morceaux, ainsi que la mangue et l'ananas. Mixez les fruits avec le jus de citron.

Incorporez le sirop refroidi à la purée de fruits, puis le jus des fruits de la Passion. Versez la préparation dans une sorbetière et faites prendre 2 h au congélateur.

Granité de pêche blanche au champagne

Préparation : 10 min
Congélation : 2 h

Pour 4 personnes

50 cl de champagne

40 g de sucre en poudre

2 c. à s. d'eau

10 cl de jus de pêche blanche frais

Dans une casserole, mélangez l'eau et le sucre jusqu'à complète dissolution de ce dernier. Ajoutez le jus de pêche. Portez à ébullition jusqu'à obtention d'un sirop, puis ôtez du feu et laissez refroidir.

Incorporez le champagne au sirop refroidi, puis versez la préparation dans un plat creux, assez profond, sur 3 à 4 cm de hauteur. Mettez à prendre au congélateur.

Lorsque la préparation a épaissi, sortez le plat du congélateur, grattez la surface à la fourchette pour former des petits cristaux, puis remettez au congélateur. Renouvelez l'opération tous les quarts d'heure.

Au moment de servir, grattez une dernière fois la surface à la fourchette pour bien détacher les paillettes du granité.

Variante

Vous pouvez ajouter de très petits dés de pêche à la préparation avant de la mettre à prendre. Vous pouvez aussi remplacer la pêche par du pomelo ou de la fraise.

Soufflés glacés au kiwi et à la fraise

Préparation : 25 min
Congélation : 2 h

Pour 4 personnes

8 gros kiwis bien mûrs

150 g de fraises

15 cl de crème liquide très froide

3 blancs d'œuf

6 c. à s. de sucre glace

Quelques gouttes de jus de citron

Pelez les kiwis et coupez-les en rondelles. Réservez-en quatre pour le décor et mixez le reste en purée fine avec la moitié du sucre glace.

Fouettez la crème liquide en chantilly ferme, en y ajoutant le reste de sucre glace qaund elle commence à être bien prise. Incorporez-la délicatement à la purée de kiwis, en soulevant la masse de bas en haut.

Battez les blancs d'œuf en neige ferme avec le jus de citron, puis incorporez-les délicatement à la préparation précédente. Mettez à prendre au congélateur.

Pendant ce temps, rincez les fraises, séchez-les soigneusement et équeutez-les. Coupez-les en dés.

Entourez le bord extérieur de 4 moules à soufflé individuels d'une bande de papier sulfurisé, en la faisant dépasser de 3 à 4 cm, et fixez-la avec un élastique ou du ruban adhésif.

Quand la préparation commence à prendre, sortez-la du congélateur et ajoutez-y les dés de fraise, en mélangeant délicatement. Répartissez-la dans les moules jusqu'au bord des bandes de papier et lissez la surface avec une spatule humide. Remettez au congélateur pour que la préparation finisse de prendre.

Au moment de servir, retirez les bandes de papier et décorez les soufflés glacés des rondelles de kiwi réservées.

Vacherin

Préparation : 40 min
Cuisson : 40-50 min
Congélation : 3 h

Pour 8 personnes

1 litre de glace du parfum de votre choix, pas trop dure

Pour la meringue :

3 blancs d'œuf

60 g de sucre en poudre

60 g de sucre glace

Quelques gouttes de jus de citron

Pour la chantilly :

40 cl de crème liquide très froide

4 c. à s. de sucre glace

Pour le décor :

Quelques fruits frais assortis au parfum de la glace

Préparez la meringue la veille. Préchauffez le four à 120 °C (th. 4). Tapissez une plaque de papier sulfurisé et dessinez dessus un cercle du même diamètre que celui du moule choisi pour confectionner le vacherin.

Battez les blancs d'œuf en neige ferme avec le jus de citron. Quand ils commencent à être bien pris, incorporez le sucre en poudre et le sucre glace.

Mettez les blancs en neige dans une poche à douille munie d'un embout lisse de 2 cm de diamètre et remplissez le cercle dessiné sur le papier sulfurisé en formant une spirale. Avec le reste des blancs, faites des petites meringues, de même diamètre que la hauteur du moule : elles vous serviront à faire le tour du vacherin. Enfournez en veillant à ne pas laisser dorer les meringues et le fond : au bout de 40 min, retirez les premières et, 10 min plus tard, sortez le second. Laissez refroidir.

Tapissez le fond du moule de papier sulfurisé et déposez-y le disque de meringue. Versez la glace de votre choix et lissez la surface à la spatule. Réservez 2 h au congélateur.

Fouettez la crème liquide en chantilly ferme, en ajoutant le sucre glace quand elle commence à être bien prise.

Démoulez le vacherin sur un plat glacé, fond de meringue en dessous. Ôtez le papier sulfurisé. Mettez un peu de chantilly au dos de chaque petite meringue et collez-les côte à côte sur le pourtour. Recouvrez tout le dessus du vacherin d'une couche de chantilly de 1 cm d'épaisseur environ et lissez-la à la spatule. Mettez le reste dans une poche à douille, déposez un cordon de chantilly entre les petites meringues et faites un décor sur le dessus du vacherin. Replacez 1 h au congélateur.

Au moment de servir, décorez avec les fruits frais choisis.

Soufflés glacés au chocolat et au gingembre

Préparation : 30 min
Congélation : 2 h

Pour 4 personnes

60 g de chocolat noir
à 70 % de cacao

30 g de cacao en poudre

25 cl de crème liquide très froide

3 blancs d'œuf

100 g de sucre en poudre

10 cl d'eau

2 c. à s. de gingembre confit

Pour le décor :

Copeaux de chocolat

Hachez le gingembre confit aussi finement que possible.

Entourez le bord extérieur de 4 moules à soufflé individuels d'une bande de papier sulfurisé, en la faisant dépasser de 3 à 4 cm, et fixez-la avec un élastique ou du ruban adhésif.

Cassez le chocolat en morceaux dans une petite casserole et faites-le fondre à feu doux avec 2 cuillerées à soupe de l'eau et le cacao. Remuez jusqu'à obtention d'une crème lisse.

Dans une autre casserole, mélangez le reste d'eau et le sucre jusqu'à complète dissolution de ce dernier. Portez à ébullition jusqu'à obtention d'un sirop.

Pendant ce temps, battez les blancs en neige ferme, puis ajoutez petit à petit le sirop bouillant, sans cesser de fouetter. Battez-les jusqu'à complet refroidissement.

Fouettez la crème liquide en chantilly ferme.

Incorporez délicatement aux blancs en neige le chocolat fondu et la chantilly, en soulevant la masse de bas en haut. Ajoutez le gingembre confit haché et mélangez de nouveau. Remplissez les moules jusqu'au bord des bandes de papier et lissez la surface avec une spatule humide. Faites prendre 2 h au congélateur.

Au moment de servir, retirez les bandes de papier et décorez les soufflés glacés des copeaux de chocolat.

Bombe glacée au chocolat

Préparation : 20 min
Congélation : 3 h

Pour 6 à 8 personnes

240 g de chocolat noir
à 70 % de cacao

40 g de sucre en poudre

2 œufs

25 cl de crème liquide
très froide

1 pincée de sel

Cacao en poudre pour servir

Tapissez un moule rond ou un saladier de film alimentaire en le laissant largement dépasser.

Cassez les œufs dans deux saladiers en séparant les blancs des jaunes. Battez les blancs en neige ferme avec le sel.

Cassez le chocolat en petits morceaux dans une casserole et faites-le fondre à feu doux avec 2 cuillerées à soupe de la crème. Ôtez du feu et remuez jusqu'à obtention d'une crème lisse.

Fouettez le reste de crème en chantilly bien ferme.

Fouettez les jaunes d'œuf avec le sucre jusqu'à ce que le mélange blanchisse. Ajoutez-y le chocolat fondu, puis successivement la chantilly et les blancs en neige, en soulevant délicatement la masse de bas en haut.

Versez la préparation dans le moule, rabattez hermétiquement le film alimentaire et réservez 3 h au congélateur.

Au moment de servir, retournez la bombe glacée sur un plat et retirez le film alimentaire. Saupoudrez-la de cacao.

Astuce

POUR OBTENIR UNE COUCHE LÉGÈRE ET UNIFORME DE CACAO, TAMISEZ-LE AU TRAVERS D'UNE PASSOIRE FINE TOUT EN SAUPOUDRANT LA BOMBE GLACÉE.

Omelette norvégienne

Préparation : 20 min
Cuisson : 5 min environ
Congélation : 4 h minimum

Pour 8 personnes

1 litre de glace du parfum de votre choix

3 blancs d'œuf

3 gouttes de jus de citron

60 g de sucre en poudre

60 g de sucre glace

Pour la génoise :

4 œufs

120 g de sucre en poudre

120 g de farine
+ un peu pour le moule

60 g de beurre
+ un peu pour le moule

Préparez la génoise la veille (voir page 156). Faites-la cuire sur une plaque de 25 × 35 cm, tapissée de papier sulfurisé.

Tapissez les parois d'un moule à cake de 24 cm de long de film alimentaire en le laissant largement dépasser. Découpez deux rectangles de génoise aux dimensions du fond du moule et deux autres aux dimensions de ses côtés. Garnissez le fond et les côtés du moule de génoise, puis ajoutez la glace, en la tassant bien. Couvrez avec le dernier rectangle de génoise. Rabattez hermétiquement le film alimentaire et réservez au moins 4 h au congélateur.

Allumez le gril du four 15 min environ avant de servir.

Battez les blancs d'œuf en neige ferme avec le jus de citron. Quand ils commencent à être bien pris, incorporez le sucre en poudre et le sucre glace.

Démoulez la glace sur un plat allant au four et retirez le film alimentaire . Recouvrez-la des blancs en neige à la spatule, en formant des pics (vous pouvez également utiliser une poche à douille munie d'un embout cannelé).

Passez l'omelette sous le gril chaud 5 min environ, le temps de dorer la meringue.

Conseil

LA GLACE DOIT IMPÉRATIVEMENT ÊTRE TRÈS FROIDE POUR NE PAS FONDRE DANS LE FOUR : SORTEZ-LA AU DERNIER MOMENT DU CONGÉLATEUR.

Bûche glacée

Préparation : 30 min
Congélation : 2 h minimum

Pour 8 personnes

75 cl de glace au chocolat

50 cl de glace aux marrons

Pour le glaçage :

400 g de chocolat noir
à 70 % de cacao

30 cl de lait

30 g de sirop de glucose

Tapissez de film alimentaire un moule à bûche semi-cylindrique (gouttière à bûche) ou, à défaut, un moule à cake de 22 cm de long.

Si les glaces sont stockées au congélateur depuis longtemps, sortez-les un quart d'heure avant, pour qu'elles soient plus faciles à travailler.

Remplissez le fond du moule de glace au chocolat. Tassez-la avec le dos de la cuillère pour qu'elle épouse parfaitement la forme du moule, en creusant légèrement le centre, puis remplissez le creux ménagé de glace aux marrons. Recouvrez le tout du reste de glace au chocolat et lissez la surface à la spatule. Réservez au moins 2 h au congélateur.

Préparez le glaçage. Portez le lait à ébullition dans une casserole. Cassez le chocolat en tout petits morceaux et mettez-les dans une jatte. Versez le lait bouillant sur le chocolat, laissez-le fondre quelques instants, puis remuez délicatement jusqu'à obtention d'une crème lisse. Incorporez le sirop de glucose, puis laissez tiédir.

Démoulez la bûche glacée sur une grille posée au-dessus d'un plat creux et retirez le film alimentaire. Versez le glaçage tiédi dessus, puis étalez-le rapidement à la spatule métallique. Striez-le à la fourchette et remettez au congélateur jusqu'au moment de servir.

Astuce

Si vous utilisez un moule à cake, avant de glacer la bûche, donnez-lui une forme cylindrique en coupant les angles et en les arrondissant au couteau.

Pâte brisée

PRÉPARATION : 10 MIN. REPOS : AU MOINS 2 H

Mettez la farine dans un saladier. Ajoutez le sel, éventuellement le sucre, mélangez et ménagez un puits au centre.

Coupez le beurre en petits morceaux et mettez-le dans le puits. Amalgamez rapidement tous les ingrédients en effritant le mélange du bout des doigts.

Travaillez rapidement la pâte à la main, en ajoutant petit à petit juste assez d'eau (ou de lait) pour qu'elle soit souple, sans coller. Formez une boule, enveloppez-la de film alimentaire et laissez-la reposer au moins 2 h au réfrigérateur.

Sur le plan de travail fariné, écrasez la boule de pâte avec la paume de la main (on dit aussi « fraiser » la pâte), puis étalez-la au rouleau, sans trop appuyer.

CONSEILS

• Pour que la pâte brisée ne durcisse pas, il ne faut pas la pétrir. Ne vous inquiétez pas s'il reste des petits morceaux de beurre entiers : ils seront écrasés quand vous étalerez la pâte.

• Ajoutez l'eau cuillerée par cuillerée pour ne pas dépasser la quantité nécessaire : la pâte doit être souple, mais non collante.

• Il est important de respecter un temps de repos suffisamment long. La pâte se raffermit alors en perdant son élasticité et se rétracte moins à la cuisson. L'idéal est de la préparer la veille.

• Le poids de la farine ne doit pas dépasser le double de celui du beurre. Mettez-en un peu de côté pour fariner le plan de travail plutôt que d'en ajouter à la pâte pour éviter qu'elle ne colle.

Pâte à génoise

PRÉPARATION : 30 MIN. CUISSON : 20-30 MIN

Battez les œufs et le sucre dans un saladier. Faites fondre le beurre dans une petite casserole et laissez-le refroidir.

Placez le saladier dans un bain-marie juste frémissant. Fouettez vivement le mélange, en soulevant la masse de bas en haut pour bien l'aérer, pendant 10 à 15 min : la préparation doit blanchir et tripler de volume.

Ôtez le saladier du bain-marie et continuez de fouetter jusqu'à complet refroidissement du mélange. Incorporez délicatement la farine, puis le beurre fondu tiédi, en laissant le dépôt au fond de la casserole.

Versez la pâte dans un moule beurré et fariné, en le remplissant aux deux tiers. Enfournez sans attendre.

CONSEILS

• Le fond du saladier ne doit pas toucher l'eau du bain-marie, qui elle ne doit jamais bouillir.

• Saupoudrez petit à petit la farine à la surface de la préparation et incorporez-la au fur et à mesure, sans trop travailler la pâte.

• Le temps de cuisson dépend du moule choisi. Pour vérifier que la génoise est cuite, piquez-y une fine lame de couteau : elle doit ressortir sèche.

• Si vous destinez la génoise à un gâteau fourré, préparez-la la veille : elle sera plus facile à couper dans l'épaisseur.

• Dans un sachet congélation, la génoise se conserve pendant trois jours au réfrigérateur et un mois au congélateur.

Pâte à crêpes

PRÉPARATION : 10 MIN. REPOS : 2 H.
CUISSON : 2 MIN PAR CRÊPE

Mettez la farine dans un saladier et ménagez un puits au centre. Versez-y la moitié du lait et mélangez avec une spatule, en ramenant petit à petit la farine des bords du saladier vers le centre.

Battez les œufs en omelette dans un bol. Versez-les progressivement sur la préparation précédente, en remuant sans cesse pour bien les incorporer au fur et à mesure. Ajoutez le beurre fondu, le sel et, éventuellement, le sucre. Continuez à remuer jusqu'à ce que le mélange soit parfaitement homogène.

Délayez avec le reste de lait, sans cesser de remuer, pour éviter la formation de grumeaux. La pâte doit être lisse et fluide, mais pas trop liquide. Laissez reposer 2 h à température ambiante.

Huilez une poêle antiadhésive. Quand elle est bien chaude, versez-y 1 louchée de pâte. Inclinez la poêle en tous sens pour bien répartir la pâte et faites cuire 1 min environ : les bords de la crêpe doivent commencer à dorer.

Retournez la crêpe avec une spatule et faites cuire l'autre côté 1 min environ également.

CONSEILS

• La pâte à crêpes gagne à être parfumée. Selon la garniture, on peut y ajouter 1 à 2 cuillerées à soupe de rhum (ou autre alcool), le zeste finement râpé de 1 orange non traitée et quelques gouttes d'eau de fleur d'oranger, le zeste finement râpé de 1 citron non traité et le jus de ½ citron, ou bien des épices (vanille, cannelle, anis, etc.).

• Plus la pâte repose longtemps, plus les crêpes sont fines. Si vous n'avez pas tout utilisé, conservez le reste de pâte au réfrigérateur : les crêpes cuites le lendemain seront encore plus légères.

• La finesse des crêpes dépend aussi de la consistance de la pâte. Trempez la louche dans la pâte, puis passez le doigt sur le côté bombé : il doit y laisser une trace bien nette.
• Si la pâte est trop épaisse après avoir reposé, ajoutez-y un peu d'eau ou de lait (jusqu'à 10 cl), juste avant la cuisson.
• S'il reste des grumeaux dans la pâte, filtrez-la à travers une passoire fine.

Crème pâtissière

PRÉPARATION : 10 MIN. CUISSON : 10 MIN ENVIRON

Faites bouillir le lait dans une grande casserole à fond épais.

Fouettez vivement les jaunes d'œuf avec le sucre dans un saladier, jusqu'à ce que le mélange blanchisse. Incorporez-y rapidement la farine.

Délayez avec le lait bouillant, en fouettant jusqu'à obtention d'une crème bien lisse.

Reversez le mélange dans la casserole. Portez doucement à ébullition, puis faites cuire 1 à 2 min, sans cesser de fouetter. Ôtez du feu et versez la crème dans un saladier très froid.

CONSEILS

• Si la crème vous paraît trop fluide, prolongez la cuisson de 1 à 2 min, en fouettant sans cesse pour qu'elle n'attache pas au fond de la casserole.
• Pour éviter la formation d'une peau sur la crème, piquez un morceau de beurre sur une fourchette et passez-le régulièrement en surface.
• Pour que la crème épaississe plus rapidement, vous pouvez remplacer deux des jaunes d'œuf par un œuf entier.

Crème anglaise

PRÉPARATION : 25 MIN. INFUSION : 10-15 MIN.
CUISSON : 10-15 MIN

Faites bouillir le lait dans une casserole à fond épais avec la gousse de vanille fendue en deux dans la longueur. Ôtez du feu, couvrez et laissez infuser 15 à 20 min.

Fouettez vivement les jaunes d'œuf avec le sucre dans un saladier, jusqu'à ce que le mélange blanchisse et devienne mousseux.

Ôtez la gousse de vanille du lait et grattez l'intérieur au-dessus de la casserole pour recueillir les graines. Jetez l'écorce. Portez de nouveau le lait à ébullition.

Incorporez le lait bouillant à la préparation précédente, sans cesser de remuer.

Reversez le mélange dans la casserole et faites épaissir à feu doux, en veillant à ne pas atteindre l'ébullition, sans cesser de remuer avec une cuillère en bois. Dès obtention de la consistance désirée, versez la crème dans un récipient très froid.

CONSEILS

• Surveillez attentivement la cuisson : la crème ne doit en aucun cas bouillir. Ôtez-la du feu dès qu'elle est assez épaisse : elle doit napper la cuillère et, quand vous passez un doigt dessus, il doit laisser une trace nette et persistante. Si vous disposez d'un thermomètre à sucre, la crème est prête quand il indique 82 °C.
• Attention, au-delà de 90 °C, la crème anglaise tourne. Vous pouvez essayer de la rattraper en la mixant vivement au robot.
• Pour rendre la crème moins sensible à la chaleur, ajoutez au mélange jaunes-sucre 1 cuillerée à café de fécule que vous délayerez dans 1 cuillerée à soupe d'eau.
• Pour éviter la formation d'une peau, remuez régulièrement la crème anglaise tout au long de son refroidissement.
• Plus elle contient de jaunes d'œuf, plus la crème anglaise est épaisse : on compte au moins 8 jaunes pour 1 litre de lait et l'on peut en mettre jusqu'à 16.

Tranches de fruits séchées

CUISSON : 2 H

Les tranches de fruits, simplement séchées au four, permettent de réaliser de superbes... et délicieux décors croustillants pour les desserts. Pommes, poires, pêches, ananas, kiwis, mangues se prêtent fort bien à cette préparation.

Préchauffez le four à 80 °C (th. 2-3).

Préparez un sirop léger : comptez 100 g de sucre pour 50 cl d'eau et 1 filet de jus de citron. Laissez-le refroidir.

Coupez les fruits en fines tranches de 2 à 3 mm d'épaisseur et évidez ceux qui doivent l'être à l'aide d'un emporte-pièce.

Trempez les tranches au fur et à mesure dans le sirop, puis étalez-les sur une plaque tapissée de papier sulfurisé.

Faites sécher pendant 2 h au four : les fruits doivent être fermes et se décoller facilement du papier sulfurisé.

CONSEILS

• Choisissez des fruits juste mûrs pour qu'ils ne soient pas trop juteux.
• Les fruits séchés se conservent plusieurs jours dans un récipient hermétique.

Index par ingrédients

Desserts de fête

Les pâtisseries vous semblent trop lourdes au terme d'un repas de fête ? Optez pour ces beaux entremets qui conviendront à toutes les circonstances. Les marquises et les bavarois, les soufflés glacés et les omelettes norvégiennes sont autant de desserts légers qui ne déparent pas les grandes tables.

Banana split

Préparation : 10 min
+ 10 min pour la chantilly

Pour 4 personnes

4 bananes

4 boules de glace à la vanille

4 boules de glace à la fraise

4 boules de glace à la pistache

2 c. à s. d'amandes effilées

Pour la sauce au chocolat :

150 g de chocolat noir
à 70 % de cacao

4 c. à s. de crème liquide

Pour la chantilly :

15 cl de crème liquide très froide

2 c. à s. de sucre glace

Ou 1 petite bombe de chantilly

Faites légèrement griller les amandes effilées à sec dans une poêle antiadhésive.

Si vous préparez vous-même la chantilly, fouettez la crème liquide jusqu'à ce qu'elle forme des pics bien fermes, puis incorporez-y délicatement le sucre glace. Réservez au réfrigérateur le temps de poursuivre la recette.

Préparez la sauce au chocolat. Cassez le chocolat en morceaux dans un saladier et faites-le fondre au bain-marie à feu doux, en remuant jusqu'à obtention d'une sauce lisse et onctueuse. Ajoutez la crème liquide, mélangez bien et ôtez du feu.

Pelez les bananes et éliminez tous les filaments. Coupez-les en deux dans la longueur. Mettez les demi-bananes deux par deux dans de longues coupelles, en les écartant un peu l'une de l'autre. Placez une boule de glace de chaque parfum entre. Nappez de sauce au chocolat, puis décorez de chantilly, éventuellement à l'aide d'une poche à douille, et parsemez des amandes grillées. Servez sans attendre.

Café liégeois

Préparation : 10 min

Pour 4 personnes

8 boules de glace au café

4 tasses d'expresso très fort froid

15 cl de crème liquide très froide
ou 1 petite bombe de chantilly

2 c. à s. de sucre glace

Pour le décor :

Grains de café en chocolat
ou à la liqueur

Une dizaine de minutes avant de servir, placez 4 jolis verres à pied au congélateur de façon à les glacer.

Si vous préparez vous-même la chantilly, fouettez la crème liquide jusqu'à ce qu'elle forme des pics bien fermes, puis incorporez-y délicatement le sucre glace.

Sortez les verres à pied du congélateur, versez 1 tasse de café dans chacun d'eux, puis déposez 2 boules de glace. Terminez en recouvrant de chantilly et décorez de quelques grains de café. Servez aussitôt.

Variante

POUR UN CHOCOLAT LIÉGEOIS, UTILISEZ DE LA GLACE AU CHOCOLAT ET REMPLACEZ L'EXPRESSO PAR DE LA SAUCE AU CHOCOLAT (VOIR RECETTE PAGE CI-CONTRE). DÉCOREZ DE COPEAUX DE CHOCOLAT NOIR RÉALISÉS AU COUTEAU ÉCONOME.

Granité à la menthe

Préparation : 10 min
Infusion : 1 h
Congélation : 2 h

Pour 4 personnes

50 cl d'eau

1 bouquet de menthe fraîche

1 ou 2 c. à s. de liqueur
de menthe (facultatif)

120 g de sucre en poudre

Dans une casserole, mélangez l'eau et le sucre jusqu'à complète dissolution de ce dernier. Portez à ébullition jusqu'à obtention d'un sirop, puis ôtez du feu et ajoutez le bouquet de menthe lavé et égoutté. Couvrez et laissez infuser jusqu'à complet refroidissement, soit 1 h environ.

Filtrez la préparation à travers une passoire fine et jetez la menthe. Ajoutez éventuellement la liqueur. Versez le tout dans un grand plat à bord assez haut, sur 3 à 4 cm de hauteur, puis mettez à prendre au congélateur.

Lorsque la préparation a épaissi, sortez le plat du congélateur, grattez la surface avec une fourchette pour former des petits cristaux, puis remettez au congélateur. Renouvelez l'opération tous les quarts d'heure.

Au moment de servir, grattez une dernière fois la surface à la fourchette pour bien détacher les paillettes du granité et répartissez-le dans 4 jolis verres.

Astuce

Pour une saveur mentholée encore plus affirmée, ajoutez à la préparation 2 cuillerées à soupe de feuilles de menthe fraîche très finement ciselées.

Glace au miel

Préparation : 20 min
Cuisson : 10-15 min
Congélation : 2 h

Pour 4 personnes

40 cl de lait

60 g de miel liquide

4 jaunes d'œuf

50 g de sucre en poudre

12,5 cl de crème liquide très froide

Dans une casserole, chauffez le lait et le miel à feu doux, en remuant jusqu'à obtention d'un mélange homogène. Portez à ébullition, puis ôtez du feu.

Dans un saladier, fouettez les jaunes d'œuf avec le sucre jusqu'à ce que le mélange blanchisse. Délayez avec le lait miellé chaud, en remuant avec une cuillère en bois, puis reversez le tout dans la casserole. Faites épaissir à feu doux, sans cesser de remuer, 10 à 15 min : vous devez obtenir une crème onctueuse, qui nappe la cuillère. Ôtez du feu et laissez refroidir, en mélangeant de temps en temps pour éviter la formation d'une pellicule en surface.

Fouettez la crème liquide en chantilly, puis incorporez-la délicatement à la préparation refroidie, en soulevant la masse de bas en haut. Versez le tout dans une sorbetière et faites prendre 2 h au congélateur.

Conseil

La glace aura le parfum du miel utilisé, plus ou moins fort selon votre choix. Si elle accompagne un autre dessert, veillez à l'accord des saveurs.

Sorbet au yaourt

Préparation : 10 min
Congélation : 2 h

Pour 6 personnes

500 g de yaourt au lait entier

15 cl d'eau

100 g de sucre en poudre

Dans une casserole, mélangez l'eau et le sucre jusqu'à complète dissolution de ce dernier. Portez à ébullition jusqu'à obtention d'un sirop léger, puis ôtez du feu et laissez refroidir.

Dans une jatte, fouettez légèrement le yaourt. Ajoutez le sirop refroidi, en remuant jusqu'à homogénéité.

Versez la préparation dans une sorbetière et faites prendre 2 h au congélateur.

Variantes

Quand le sorbet commence à prendre, ajoutez-y des dés de fruits frais et replacez au congélateur. Vous pouvez aussi incorporer 15 cl du coulis de votre choix, légèrement sucré, au sorbet déjà épaissi. Remuez rapidement, sans insister, pour que les deux éléments restent partiellement dissociés, avant de remettre à prendre.

Risotto aux fruits confits

Préparation : 10 min
Cuisson : 35 min environ

Pour 4 personnes

200 g de riz rond

50 cl de lait

100 g de sucre en poudre

2 jaunes d'œuf

10 cl de crème liquide très froide

100 g de fruits confits coupés en dés + quelques lanières d'angélique pour le décor

2 c. à s. de rhum brun (facultatif)

Portez une grande casserole d'eau à ébullition, jetez-y le riz et faites-le cuire 3 min. Égouttez le riz et reversez-le dans la casserole avec le lait et le sucre. Portez à ébullition en remuant, puis laissez cuire à petits frémissements 30 min environ : les grains de riz doivent être tendres et avoir absorbé la quasi-totalité du lait.

Ôtez du feu, laissez le risotto tiédir un peu, puis ajoutez les jaunes d'œuf, les fruits confits et, éventuellement, le rhum. Mélangez vivement, puis laissez refroidir.

Pendant ce temps, fouettez la crème liquide en chantilly bien ferme. Incorporez-la délicatement au risotto refroidi, en soulevant la masse de bas en haut.

Répartissez dans 4 coupes et réservez au réfrigérateur jusqu'au moment de servir, décoré des lanières d'angélique.

Variante

À LA PLACE D'UN MÉLANGE DE FRUITS CONFITS, VOUS POUVEZ N'EN CHOISIR QU'UN SEUL TYPE : ÉCORCES D'ORANGE, DE CITRON OU DE CÉDRAT, PAR EXEMPLE.

Risotto au chocolat

Préparation : 15 min
Cuisson : 25-35 min

Pour 6 personnes

200 g de riz rond

100 g de chocolat noir
à 70 % de cacao

1 litre de lait

2 c. à s. de cacao en poudre

40 g de sucre en poudre

Râpez finement le chocolat.

Portez une grande casserole d'eau à ébullition, jetez-y le riz et faites-le cuire 3 min. Dans une autre casserole, faites bouillir le lait avec le cacao et le sucre.

Égouttez le riz, rincez-le soigneusement et versez-le dans le lait bouillant. Dès reprise de l'ébullition, baissez le feu et laissez cuire à petits frémissements de 20 à 30 min : les grains doivent être très tendres. Ôtez du feu.

Ajoutez petit à petit le chocolat râpé au riz chaud, en remuant avec une spatule.

Versez dans un saladier. Laissez tiédir en remuant de temps en temps et servez.

Astuce

POUR PARFAIRE LA PRÉSENTATION DE CE DESSERT, PARSEMEZ LA SURFACE DU RISOTTO TIÈDE DE COPEAUX DE CHOCOLAT NOIR RÉALISÉS AU COUTEAU ÉCONOME.

Riz au lait vanillé

Préparation : 10 min
Cuisson : 35 min environ

Pour 4 personnes

200 g de riz rond

1 litre de lait entier

1 pincée de sel

1 gousse de vanille

100 g de sucre en poudre

Versez le riz dans une passoire et rincez-le abondamment à l'eau froide.

Portez une grande casserole d'eau à ébullition, jetez-y le riz égoutté et faites-le cuire 3 min. Dans une autre casserole, faites bouillir le lait avec le sel et la gousse de vanille fendue en deux dans la longueur.

Égouttez le riz, versez-le dans le lait bouillant et remuez. Dès reprise de l'ébullition, baissez le feu et laissez cuire à petits frémissements 30 min environ : les grains doivent être très tendres.

Ôtez du feu et laissez reposer quelques minutes. Retirez la gousse de vanille et grattez les graines avec la pointe d'un couteau. Ajoutez le sucre en remuant délicatement.

Versez dans un saladier, laissez tiédir et placez au réfrigérateur jusqu'au moment de servir.

Conseil

POUR UN RÉSULTAT ENCORE PLUS SAVOUREUX, SAUPOUDREZ LE RIZ AU LAIT D'UN PEU DE CANNELLE EN POUDRE JUSTE AVANT DE SERVIR.

Tartines briochées aux fraises

Préparation : 10 min

Pour 4 personnes

4 tranches de brioche

200 g de fraises

2 c. à s. de jus de citron

4 c. à s. de chantilly en bombe

4 c. à s. de confiture de fraise

4 c. à s. de sucre en poudre

Rincez les fraises, séchez-les soigneusement et équeutez-les. Coupez-en la moitié en lamelles et arrosez-les aussitôt du jus de citron pour éviter que la chair ne noircisse. Écrasez grossièrement le reste à la fourchette dans une assiette creuse.

Faites légèrement griller les tranches de brioche, des deux côtés, au grille-pain ou sous le gril du four. Laissez-les tiédir.

Mélangez délicatement la chantilly et la confiture de fraise. Tartinez-en les tranches de brioche. Étalez ensuite une couche de fraises écrasées et recouvrez de lamelles de fruit, en les disposant joliment. Saupoudrez de sucre et servez sans attendre.

Astuce

UNE RECETTE SIMPLISSIME, IDÉALE POUR UN GOÛTER GOURMAND, MAIS QUI PEUT TOUT AUSSI BIEN CONVENIR POUR CLORE UN REPAS IMPROVISÉ ENTRE AMIS.

Pain brioché perdu aux cerises et à l'amande

Préparation : 10 min
Cuisson : 6 min environ

Pour 4 personnes

4 tranches de pain brioché légèrement rassis

400 g de cerises noires dénoyautées (fraîches, surgelées ou au sirop)

2 œufs

25 cl de lait

4 c. à s. de sucre en poudre

60 g de beurre

2 ou 3 gouttes d'extrait d'amande amère

100 g d'amandes effilées

Faites légèrement griller les amandes effilées à sec dans une poêle antiadhésive.

Si vous utilisez des cerises surgelées, laissez-les décongeler à température ambiante. Si elles sont au sirop, égouttez-les avec soin.

Dans une assiette creuse, battez les œufs avec le lait et 1 cuillerée à soupe de sucre. Trempez-y rapidement les tranches de pain brioché, l'une après l'autre et des deux côtés, pour bien les imbiber sans les ramollir.

Faites fondre la moitié du beurre à feu moyen dans une grande poêle. Quand il commence à mousser, faites-y revenir les tranches de pain brioché, 3 min environ de chaque côté, jusqu'à ce qu'elles soient bien dorées.

Parallèlement, faites revenir les cerises dans une autre poêle, 3 min dans le reste de beurre chaud. Ajoutez l'extrait d'amande et le reste de sucre. De temps en temps, remuez délicatement et arrosez les fruits du jus de cuisson.

Posez les tranches de pain brioché sur des assiettes à dessert et recouvrez-les des cerises et de leur jus. Parsemez des amandes grillées et servez.

Croustillons aux raisins

Préparation : 20 min
Infusion : 30 min
Repos : 1 h
Cuisson : 3-4 min par bain

Pour une dizaine de beignets

250 g de farine

20 g de levure de boulanger

10 cl d'eau

10 cl de lait

4 œufs

1 c. à s. de sucre en poudre

1 gousse de vanille

1 pincée de sel

3 c. à s. de raisins secs

Huile de friture

Sucre glace pour servir

Faites tiédir la moitié du lait et délayez-y la levure. Cassez les œufs dans deux saladiers en séparant les blancs des jaunes. Battez les jaunes en omelette avec l'eau.

Dans une casserole, portez le reste de lait à ébullition avec la gousse de vanille fendue en deux dans la longueur, puis ôtez du feu, couvrez et laissez infuser 30 min. Retirez la gousse de vanille et grattez les graines avec la pointe d'un couteau. Ajoutez le sucre en poudre, mélangez jusqu'à complète dissolution et laissez refroidir.

Tamisez la farine dans une grande jatte et ménagez un puits au centre. Versez-y la levure délayée, mélangez, puis incorporez les jaunes d'œufs battus en remuant vivement. Délayez avec le lait, en fouettant jusqu'à obtention d'une pâte lisse.

Battez les blancs d'œuf en neige ferme avec le sel et incorporez-les délicatement à la pâte, en soulevant la masse de bas en haut. Ajoutez les raisins secs, puis couvrez avec un linge et laissez reposer 1 h à température ambiante.

Faites chauffer un bain d'huile de friture à 180 °C. Avec une cuillère à soupe, prélevez des boules de pâte et faites-les glisser dans l'huile chaude à l'aide d'une autre cuillère. Laissez dorer les beignets 3 à 4 min, en les retournant régulièrement.

Sortez les croustillons de la friture au fur et à mesure de leur cuisson, à l'aide d'une écumoire, et égouttez-les sur du papier absorbant. Servez-les chauds, saupoudrés de sucre glace.

Beignets de poire au chocolat

Préparation : 30 min
Repos : 1 h
Cuisson des beignets : 2-3 min par bain

Pour 8 à 12 beignets

2 grosses poires (williams ou comices)

Le jus de ½ citron

100 g de sucre en poudre

20 cl d'eau

Huile de friture

Pour la pâte à beignets :

100 g de farine

30 g de cacao en poudre

½ sachet de levure chimique

1 gros œuf + 1 blanc

1 c. à s. d'huile de tournesol

12,5 cl d'eau ou de lait

1 pincée de sel

Préparez la pâte à beignets. Dans un saladier, mélangez la farine avec le cacao, la levure et le sel. Ménagez un puits au centre. Versez-y l'œuf entier et l'huile, puis délayez avec l'eau (ou le lait), en fouettant jusqu'à obtention d'une pâte lisse. Laissez reposer 1 h au réfrigérateur.

Lavez et pelez les poires. Coupez-les en gros quartiers et épépinez-les. Arrosez-les aussitôt du jus de citron pour éviter que la chair ne noircisse.

Dans une casserole, mélangez l'eau et le sucre jusqu'à dissolution complète de ce dernier. Portez à ébullition jusqu'à obtention d'un sirop, puis plongez-y les quartiers de poire. Laissez-les cuire 3 min à petits frémissements. Égouttez les poires avec une écumoire et épongez-les soigneusement sur du papier absorbant.

Faites chauffer un bain d'huile de friture à 180 °C. Fouettez le blanc d'œuf en neige ferme et incorporez-le délicatement à la pâte, en soulevant la masse de bas en haut.

Trempez les quartiers de poire un par un dans la pâte et plongez-les aussitôt dans l'huile chaude. Laissez frire les beignets 2 à 3 min : ils doivent être bien gonflés.

Sortez les beignets de la friture à l'aide d'une écumoire et égouttez-les sur du papier absorbant. Servez-les chauds.

Beignets de banane antillais à la noix de coco

Préparation : 10 min
Macération : 1 h
Repos : 2 h
Cuisson : 2-4 min par bain

Pour 16 beignets environ

4 bananes

15 cl de lait de coco

Le jus de ½ citron vert

2 c. à s. de noix de coco râpée

Huile de friture

Sucre en poudre pour servir

Pour la pâte à beignets :

125 g de farine

1 sachet de levure chimique

1 c. à s. de sucre en poudre

1 œuf + 1 blanc

12,5 cl d'eau

4 c. à s. de noix de coco râpée

1 pincée de sel

Pelez les bananes et éliminez tous les filaments. Fendez-les en deux dans la longueur, puis recoupez chaque morceau en deux. Mettez-les dans un plat creux et arrosez-les aussitôt du jus de citron vert pour éviter que la chair ne noircisse. Ajoutez le lait de coco et la noix de coco râpée. Retournez-les plusieurs fois pour bien les enrober du mélange, puis couvrez de film alimentaire et laissez macérer 1 h au réfrigérateur.

Préparez la pâte à beignets. Dans un saladier, mélangez la farine avec la levure, le sucre et le sel. Ménagez un puits au centre. Battez l'œuf avec l'eau, versez-le dans le puits et incorporez-le petit à petit à la farine, jusqu'à obtention d'une pâte lisse. Ajoutez la moitié de la noix de coco râpée et laissez reposer 2 h au réfrigérateur.

Faites chauffer un bain d'huile de friture à 180 °C. Fouettez le blanc d'œuf en neige ferme et incorporez-le délicatement à la pâte, en soulevant la masse de bas en haut. Épongez les morceaux de banane sur du papier absorbant, puis trempez-les un par un dans la pâte et plongez-les aussitôt dans l'huile chaude. Faites-les frire par petites quantités, en les retournant à mi-cuisson avec une écumoire.

Sortez les beignets de la friture au fur et à mesure de leur cuisson, à l'écumoire, et égouttez-les sur du papier absorbant. Servez-les chauds, saupoudrés du reste de noix de coco râpée et d'un peu de sucre.

Pets-de-nonne au citron

Préparation : 15 min
Cuisson : 2-4 min par bain

Pour 40 beignets environ

25 cl d'eau

120 g de beurre

140 g de farine

½ c. à c. de sel

4 œufs

Le jus de 1 citron

2 c. à s. d'écorces de citron confites finement émincées

Huile de friture

Sucre vanillé pour servir

Dans une casserole, faites bouillir l'eau avec le beurre et le sel. Quand le beurre est complètement fondu, ôtez du feu et ajoutez la farine en pluie, en une seule fois, en remuant vivement. Remettez à chauffer 1 à 2 min à feu doux, sans cesser de remuer, jusqu'à ce que la pâte forme une masse lisse et sèche, qui se décolle des parois.

Ôtez de nouveau du feu, puis incorporez les œufs un par un, en mélangeant vigoureusement entre chaque ajout. Ajoutez enfin le jus et les écorces de citron.

Faites chauffer un bain d'huile de friture à 180 °C. Avec une petite cuillère, prélevez des boules de pâte de la taille d'une noix et faites-les glisser dans l'huile chaude à l'aide d'une autre petite cuillère. Faites-les frire par petites quantités, en les retournant à mi-cuisson avec une écumoire, si elles ne le font pas spontanément.

Sortez les beignets de la friture au fur et à mesure de leur cuisson, à l'écumoire, et égouttez-les sur du papier absorbant. Servez-les chauds, saupoudrés de sucre vanillé.

Beignets de pomme au caramel et au sésame

Préparation : 20 min
Repos : 1 h
Cuisson : 3-4 min par bain

Pour 24 beignets environ

4 belles pommes (golden ou granny-smith)

Le jus de 1 citron

Huile de friture

Pour le caramel au sésame :

200 g de sucre en poudre

2 c. à s. d'eau

2 c. à s. de graines de sésame

Pour la pâte à beignets :

80 g de farine

60 g de Maïzena

½ sachet de levure chimique

1 jaune d'œuf

20 cl d'eau

Préparez la pâte à beignets. Dans un saladier, mélangez le jaune d'œuf avec la farine, la Maïzena et la levure. Délayez avec l'eau, sans cesser de remuer, jusqu'à obtention d'une pâte lisse. Laissez reposer 1 h à température ambiante.

Faites chauffer un bain d'huile de friture à 180 °C (trempez-y un morceau de pain : il doit grésiller).

Lavez et pelez les pommes. Coupez-les en gros quartiers et épépinez-les. Arrosez-les aussitôt du jus de citron pour éviter que la chair ne noircisse.

Trempez les quartiers de pomme un par un dans la pâte à beignets, puis plongez-les dans l'huile chaude, par petites quantités. Laissez-les dorer 3 à 4 min, en les retournant de temps en temps avec une écumoire.

Préparez le caramel pendant la cuisson du premier bain. Dans une casserole, chauffez le sucre à petits bouillons avec l'eau jusqu'à ce qu'il prenne une belle couleur blond clair. Ôtez du feu, ajoutez les graines de sésame et mélangez.

Sortez les beignets de la friture au fur et à mesure de leur cuisson, à l'écumoire, et égouttez-les rapidement sur du papier absorbant. Trempez-les un par un dans le caramel au sésame puis, aussitôt après, dans un récipient d'eau glacée pour que celui-ci durcisse. Servez sans attendre.

Mousse au chocolat blanc

Préparation : 15 min
Réfrigération : 1 h

Pour 4 personnes

200 g de chocolat blanc

15 cl de crème liquide très froide

2 blancs d'œuf

1 pincée de sel

Pour le décor :

Quelques grappes de groseilles

Cassez le chocolat blanc en morceaux dans un saladier et faites-le fondre au bain-marie à feu doux, en remuant jusqu'à obtention d'une crème lisse. Laissez tiédir.

Fouettez la crème liquide en chantilly pas trop ferme, puis ajoutez-la au chocolat fondu tiédi. Mélangez délicatement jusqu'à homogénéité.

Dans une jatte, battez les blancs d'œuf en neige ferme avec le sel. Incorporez-les délicatement à la préparation précédente, en soulevant la masse de bas en haut.

Versez dans une jolie coupe en verre et placez 1 h au réfrigérateur.

Au moment de servir, décorez de grappes de groseilles.

Astuce

Pour réussir à coup sûr votre chantilly, placez la crème liquide et le saladier au congélateur un quart d'heure avant de la préparer.

Crème caramel

Préparation : 15 min
Cuisson : 45-50 min

Pour 4 personnes

3 œufs + 2 jaunes

50 cl de lait

100 g de sucre en poudre

Pour le caramel :

80 g de sucre en poudre

3 c. à s. d'eau

Quelques gouttes de jus de citron

Préparez le caramel. Dans une petite casserole, chauffez le sucre à petits bouillons avec l'eau et le jus de citron jusqu'à ce qu'il prenne une jolie couleur dorée. Arrêtez la cuisson en plongeant le fond de la casserole dans un récipient d'eau froide. Versez le caramel dans un moule à manqué de 20 cm de diamètre et inclinez celui-ci en tous sens pour bien en recouvrir le fond. Laissez refroidir.

Préchauffez le four à 160 °C (th. 5-6).

Dans un saladier, battez les œufs et les jaunes en omelette avec le sucre. Faites bouillir le lait dans une casserole, puis versez-le sur les œufs battus, sans cesser de remuer, jusqu'à obtention d'une crème lisse. Versez-la dans le moule caramélisé, en la filtrant à travers une passoire fine.

Placez le moule dans un bain-marie et enfournez pour 45 à 50 min.

Laissez la crème caramel refroidir avant de la démouler. Réservez-la au réfrigérateur jusqu'au moment de servir.

Astuce

POUR GAGNER DU TEMPS, NAPPEZ LE FOND DU MOULE AVEC DU CARAMEL LIQUIDE PRÊT À L'EMPLOI AVANT D'Y VERSER LA CRÈME AUX ŒUFS.

Petites crèmes au chocolat

Préparation : 15 min
Cuisson : 20-25 min

Pour 4 crèmes

100 g de chocolat noir
à 70 % de cacao

20 cl de crème liquide

20 cl de lait

4 jaunes d'œuf

40 g de sucre en poudre

Cassez le chocolat en morceaux dans un saladier et faites-le fondre au bain-marie à feu doux, en remuant jusqu'à obtention d'une crème lisse.

Portez le lait et la crème à ébullition dans une petite casserole, puis ôtez du feu.

Préchauffez le four à 150 °C (th. 5).

Dans un saladier, fouettez vivement les jaunes d'œuf avec le sucre jusqu'à ce que le mélange blanchisse. Incorporez le chocolat fondu, puis délayez avec le lait et la crème très chauds, sans cesser de remuer.

Répartissez la préparation dans 4 ramequins, placez ceux-ci dans un bain-marie et enfournez pour 20 à 25 min : la crème doit être juste prise. Servez tiède ou froid.

Astuce

Pour éviter que l'eau du bain-marie ne fasse des projections pendant la cuisson, placez un linge (ou du papier journal) au fond du récipient.

Far aux pruneaux

Préparation : 15 min
Trempage : 2 h
Cuisson : 45-50 min

Pour 6 personnes

200 g de pruneaux moelleux dénoyautés

80 g de farine

120 g de sucre en poudre

1 pincée de sel

5 œufs

50 cl de lait

25 cl de thé fort bouillant

Beurre pour le plat

Sucre glace pour servir

Faites tremper les pruneaux 2 h dans le thé. Égouttez-les et épongez-les sur du papier absorbant.

Dans une jatte, battez les œufs en omelette. Faites tiédir le lait dans une casserole.

Dans un saladier, mélangez la farine avec le sucre et le sel, puis ménagez un puits au centre. Versez-y les œufs battus et mélangez en ramenant la farine au fur et à mesure vers le centre. Délayez avec le lait tiédi, en remuant jusqu'à obtention d'une pâte lisse.

Préchauffez le four à 210 °C (th. 7). Beurrez un plat à four assez profond. Répartissez-y les pruneaux, puis versez la pâte dessus. Enfournez pour 45 à 50 min : la surface du far doit être bien brune.

Laissez le far refroidir et réservez-le au réfrigérateur jusqu'au moment de servir, saupoudré de sucre glace.

Clafoutis aux cerises

Préparation : 10 min
Cuisson : 35-40 min

Pour 6 personnes

500 g de cerises noires

4 œufs

120 g de sucre en poudre
+ un peu pour servir

100 g de farine

40 cl de lait

1 pincée de sel

Beurre pour le plat

Lavez et séchez les cerises. Équeutez-les, mais ne les dénoyautez pas.

Dans une jatte, battez les œufs en omelette avec le sucre.

Mettez la farine et le sel dans un saladier. Ménagez un puits au centre et versez-y les œufs battus. Commencez à mélanger en ramenant la farine au fur et à mesure vers le centre, puis délayez avec le lait, sans cesser de remuer, jusqu'à obtention d'une pâte lisse.

Préchauffez le four à 200 °C (th. 6-7) . Beurrez un joli plat à four. Versez-y la pâte, puis répartissez les cerises dessus : elles s'y enfonceront toutes seules. Enfournez pour 35 à 40 min.

Saupoudrez le clafoutis de sucre dès la sortie du four ou une fois tiédi. Servez dans le plat de cuisson.

Variante

Vous pouvez aussi réaliser ce clafoutis avec des cerises en bocal (égouttez-les avec soin) ou, en saison, avec des cerises aigres (sans les dénoyauter), pour un goût plus affirmé.

Clafoutis aux abricots et aux amandes

Préparation : 20 min
Infusion : 1 h
Cuisson : 40-45 min

Pour 6 personnes

1,2 kg d'abricots

70 cl de lait

180 g d'amandes en poudre

6 œufs

60 g de farine

140 g de sucre en poudre
+ un peu pour les ramequins

80 g de beurre fondu
+ un peu pour le plat

3 c. à s. d'amandes effilées

1 pincée de sel

Portez le lait à ébullition avec la poudre d'amandes. Ôtez du feu, couvrez et laissez infuser 1 h.

Lavez et séchez les abricots, puis coupez-les en deux et dénoyautez-les. Faites dorer les amandes effilées à sec dans une poêle antiadhésive.

Dans une jatte, battez les œufs en omelette avec le sucre et le sel.

Mettez la farine dans un saladier et ménagez un puits au centre. Versez-y petit à petit les œufs battus et le lait d'amandes, en fouettant jusqu'à homogénéité. Incorporez enfin le beurre fondu.

Préchauffez le four à 210 °C (th. 7). Beurrez un joli plat à four à bord assez haut, puis saupoudrez les parois de sucre. Disposez les oreillons d'abricot au fond, face bombée dessous, couvrez-les de pâte et parsemez des amandes effilées. Enfournez pour 10 min environ, puis baissez la température à 180 °C (th. 6) et poursuivez la cuisson 30 à 35 min.

Laissez tiédir un peu et servez dans le plat de cuisson.

Variante

Vous pouvez préparer cette recette dans des ramequins individuels, que vous beurrerez et sucrerez pareillement. Dans ce cas, diminuez un peu le temps de cuisson (35 à 40 min).

Desserts rapides et faciles

Tartines et beignets tout chauds, clafoutis et glaces maison, crèmes en pot et riz au lait qui cuisent presque sans surveillance : autant de savoureux desserts inratables et prêts en quelques minutes. Les enfants seront ravis de vous aider à les concocter… et à les manger !

Plus légers que les pâtisseries, puisque sans pâte, les entremets sont aussi beaucoup moins sucrés et beaucoup moins gras que naguère : les crèmes au beurre et les appareils à bombe glacée utilisant trente jaunes d'œuf par litre de lait de nos grand-mères n'ont plus cours. Les entremets d'aujourd'hui sont préparés avec des compotes et des coulis de fruits, des mousses et des sorbets, de la crème légère, des épices, du cacao maigre. Le yaourt, le fromage frais, les blancs d'œuf battus en neige y remplacent couramment la crème fraîche. Le miel ou l'aspartame se substituent au sucre, que l'on arrive parfois même à supprimer totalement de certains desserts aux fruits. Employés avec discernement, alcools et vins doux parfument agréablement fruits et crèmes. La gélatine alimentaire, ingrédient neutre et dépourvu de calories, permet de réaliser de belles compositions sans alourdir le bilan calorique du dessert.

Plus rapides à préparer que les pâtisseries, les entremets sont également plus faciles à varier, en remplaçant un fruit par un autre, par exemple, ou en imaginant des mélanges d'épices inédits. Rehaussés de cette touche personnelle, ils reflètent les goûts et talents de celui qui les prépare.

Desserts tendance

Desserts de fête

Introduction

Les entremets désignent aujourd'hui tous les desserts sans pâte (chauds, froids ou glacés), en opposition aux pâtisseries. Mais, à l'origine, ils étaient présentés entre les plats principaux – souvent accompagnés de musique et de numéros d'artistes – et destinés à distraire les convives. Ces plats, devenus peu à peu de véritables prouesses culinaires, étaient aussi bien sucrés que salés, à une époque où l'on mêlait allègrement les deux saveurs. C'est au XVIIe siècle que les entremets, dès lors exclusivement sucrés, ne furent plus servis qu'en fin de repas.

Les fruits étant souvent leur ingrédient de base, ces desserts obéissent naturellement aux saisons. Cuits ou crus, chauds ou froids, en mousse et en purée, en soupe et en salade, les fruits de nos vergers comme ceux de contrées plus lointaines permettent toutes les compositions et toutes les audaces, souvent avec une grande simplicité d'exécution : on peut faire preuve d'originalité juste en épiçant une salade de fruits ! Glaces et sorbets, mousses et soufflés glacés, ne nécessitent pas toujours l'utilisation d'une sorbetière et offrent en outre le précieux avantage de pouvoir être confectionnés à l'avance.